CLOIRE A DIEU RESPECT AU DEV
COMPOSÉ PAR PHILIPPE LEROUX, COMPAGNONS CHARRONS D. D.

HONNEUR AUX COMPAGNONS CHARRONS
DEAUX
EN 1853

ET
HONNEUR
AUX

COMPAGNON MARECHAUX DU

François Icher est professeur-formateur à l'Inspection académique de Carcassonne. Depuis près de vingt ans, il se consacre principalement à l'étude historique des sociétés compagnonniques en France. De nombreuses publications, émissions de radio et de télévision, conférences et expositions consacrées à ce thème lui ont permis d'acquérir une réputation internationale. Directeur de la collection «La mémoire des bâtisseurs» aux éditions Grancher, on lui doit notamment *Le Compagnonnage, une tradition d'avenir* (Grancher, 1989) et *La France des Compagnons* (La Martinière, 1994). Diplômé de l'Université de Toulouse 2, il prépare actuellement une thèse sur les Compagnonnages et la société française au XXe siècle.

A Marie, Guillaume et Julien

Dépôt légal : septembre 1995
Numéro d'édition : 67558
ISBN : 2-07-053274-7
Imprimerie Kapp Lahure Jombart, à Evreux

LES COMPAGNONS
OU L'AMOUR DE LA BELLE OUVRAGE

François Icher

DÉCOUVERTES GALLIMARD
Traditions

Toutes les légendes relatives au Compagnonnage se rejoignent, en dépit de leurs nombreuses différences, pour situer l'origine symbolique de l'institution compagnonnique lors de la construction du Temple de Jérusalem. D'abord transmises oralement, ces légendes furent l'objet de divers ajouts, de maintes versions, variant suivant l'époque. Puis vint le temps de l'écrit.

CHAPITRE PREMIER

LE TEMPS DES LÉGENDES

Le Temple de Jérusalem, construit par Salomon au Xe siècle avant notre ère, a fortement influencé un légendaire compagnonnique qui s'ouvrira par la suite à un symbolisme plus chrétien, comme en témoigne l'apparition du personnage de Marie-Madeleine (ci-contre).

Au commencement était le Temple

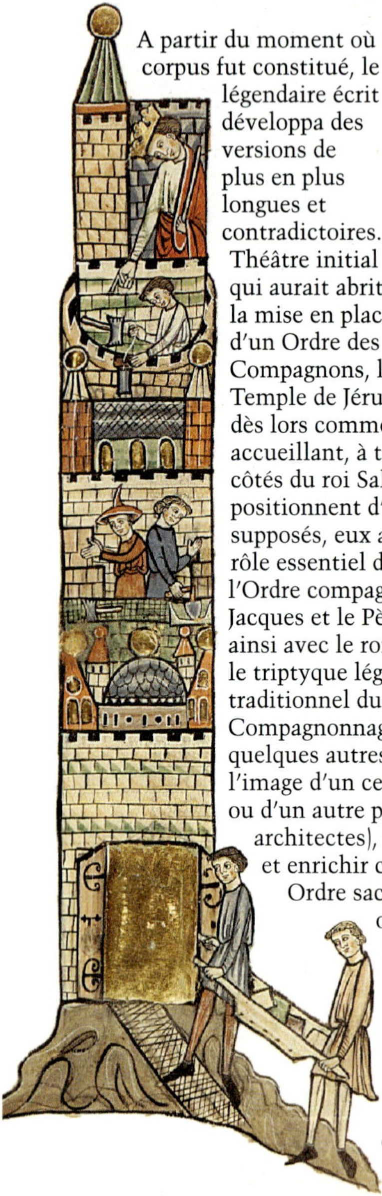

A partir du moment où son corpus fut constitué, le légendaire écrit développa des versions de plus en plus longues et contradictoires. Théâtre initial qui aurait abrité la mise en place d'un Ordre des Compagnons, le Temple de Jérusalem apparaît dès lors comme un site accueillant, à tel point qu'aux côtés du roi Salomon se positionnent d'autres personnages supposés, eux aussi, avoir joué un rôle essentiel dans la création de l'Ordre compagnonnique. Maître Jacques et le Père Soubise forment ainsi avec le roi de Palestine le triptyque légendaire et traditionnel du Beau Compagnonnage sans oublier quelques autres personnages qui, à l'image d'un certain Maître Hiram ou d'un autre père Indien (tous architectes), viennent compléter et enrichir ces légendes.

Ordre sacré, chevalerie ouvrière, communauté fraternelle…, les Compagnons du Tour de France se répartissent, encore aujourd'hui, en trois rites

Cette médaille, frappée pour le musée du Compagnonnage de Tours (ci-dessus), représente les trois pères fondateurs du Compagnonnage. A travers eux, on peut déceler les trois matériaux de base des cathédrales : bois (Soubise), pierre (Jacques), fer (Salomon). Ce triptyque a également pour vocation de rappeler les liens entretenus par les premières sociétés compagnonniques avec les ordres religieux et chevaleresques, partenaires privilégiés pour les chantiers des châteaux, abbayes et cathédrales. Il permet enfin de mettre en lumière le double héritage que revendique un Compagnonnage porteur d'une tradition de bâtir orientale (Salomon) et occidentale (Soubise et Jacques).

directement construits sur ces matériaux légendaires.

Le roi Salomon et Maître Hiram

La Bible et les récits légendaires du Compagnonnage insistent particulièrement sur le nombre exceptionnel d'ouvriers présents sur le chantier : soixante-dix mille manœuvres, quatre-vingt mille tailleurs de pierre, trois mille trois cents intendants...

Face à une telle présence humaine, les légendes nous expliquent ce que la Bible n'aborde pas. Afin de payer chacun selon ses mérites, Salomon (ou son architecte Hiram) aurait introduit une hiérarchie qui n'est pas sans rappeler l'organisation de la corporation médiévale. En effet, trois états différencient les ouvriers présents à Jérusalem : apprenti, compagnon et maître. Par un travail bien réalisé, par une obéissance stricte aux ordres des maîtres, l'apprenti ou le compagnon peuvent entretenir l'espoir de s'élever dans la classe supérieure. Afin de distinguer les métiers dans un souci d'ordre et d'efficacité, chaque corps d'état se voit attribuer une couleur distinctive. Des signes de reconnaissance et des mots de passe sont rapidement institués afin d'éviter toute tricherie car il convient de trouver une parade pour ne plus payer les nombreux oisifs, lesquels, profitant de la confusion due au nombre, reçoivent un salaire pour un travail qu'il n'ont jamais réalisé.

En fait, si Salomon est parfois assimilé au maître d'œuvre, Hiram

Le chantier du Temple de Jérusalem (ci-contre et page de gauche), magnifié et amplifié par la Bible, offre le prétexte idéal pour transposer dans un monde de légendes toute une organisation naissante mise en place lors des chantiers des cathédrales et des châteaux. La distinction des œuvriers en trois états (apprenti, compagnon, maître), le port de couleurs distinctives attribuées à certains métiers, l'usage de signes et de mots de reconnaissance, la pratique de cérémonies de réception pour les nouveaux membres, des rituels de chantier... autant de faits symboliquement placés à Jérusalem mais qu'il convient d'apprécier comme des indications à peine voilées sur la hiérarchisation et l'organisation des premières sociétés compagnonniques médiévales. Le roi Salomon, ordonnateur qui surveille le chantier (ci-contre), ressemble étrangement à ces nombreux puissants du Moyen Age qui prirent sous leur protection les métiers spécialisés dans l'art de bâtir, un art qui rapidement allait être qualifié de «royal».

est bien plus que son architecte en chef. Dépositaire du savoir, il est respecté tant ses talents dans le travail de l'airain font merveille. C'est lui qui, selon les légendes, inspecte régulièrement le chantier afin de remarquer les meilleurs ouvriers. Il dirige ensuite des assemblées qui se tiennent dans un souterrain du Temple (est-ce une allusion symbolique à la crypte des cathédrales ?) afin de recevoir dans l'Ordre ceux qui, par leur comportement et leur travail, s'en sont montrés dignes. De communauté «œuvrière», l'Ordre se transforme ainsi en communauté initiatique et fraternelle.

L'Ordre des Compagnons est donc clairement structuré : amour de la belle ouvrage, respect d'une hiérarchie, cérémonies solennelles pour marquer la réception d'un nouveau frère, port de couleurs symboliques, mots de passe et de reconnaissance… autant de domaines attribués par les légendes à Hiram et Salomon.

Les trois fondateurs légendaires du Compagnonnage figurent encore aujourd'hui sur de nombreuses couleurs compagnonniques, comme en témoigne ce détail relevé sur une couleur actuelle de Compagnon Menuisier du Devoir. Les légendes des origines font partie intégrante du patrimoine culturel et spirituel du Compagnonnage.

L'architecte assassiné

La légende des origines prend toute sa valeur symbolique avec la mort de l'architecte Hiram. Ce dernier, lors d'une tournée d'inspection, est sauvagement assassiné par trois ouvriers jaloux et désireux d'arracher au Maître les mots de passe et les secrets qui permettent d'accéder à la fraternité compagnonnique. En dépit des menaces et des coups portés contre lui au moyen d'outils (levier, règle et

Le personnage d'Hiram (page de gauche) est relativement tardif dans le légendaire compagnonnique. Il n'apparaît qu'à partir du XVIIIe siècle sous la forme définitive du maître d'œuvre, architecte en chef du chantier de Jérusalem. Grand spécialiste des métaux, son savoir s'étend également à tous les métiers présents sur le chantier du Temple, qu'il visite et inspecte régulièrement. L'assassinat d'Hiram (ci-contre) est devenu un mythe central pour les Compagnons du rite de Salomon. Ce mythe de l'architecte assassiné, qui renaît à chaque réception d'un nouveau membre, a été parfois comparé à la mort et à la résurrection du Christ. En réalité, il convient de ne pas accorder à Hiram la même force symbolique que lui a attribuée la franc-maçonnerie. En effet, le Compagnonnage traditionnel est fondamentalement divisé en trois rites. Si depuis des siècles, on distingue les enfants du roi Salomon, les enfants du père Soubise et les enfants de Maître Jacques, il n'y a jamais eu un rite de Maître Hiram, ce dernier étant toujours lié à Salomon par rapport auquel il se définit.

maillet) Hiram refuse de trahir son Devoir. Furieux d'une telle attitude, les trois mauvais ouvriers tuent Hiram et dissimulent son corps dans un lieu retiré.

A partir de cet instant, de nombreuses versions proposent la suite des événements. Outre le châtiment infligé par Salomon aux trois assassins, nous retiendrons surtout que la mort de l'architecte Hiram n'entraîne pas pour autant l'arrêt des travaux.

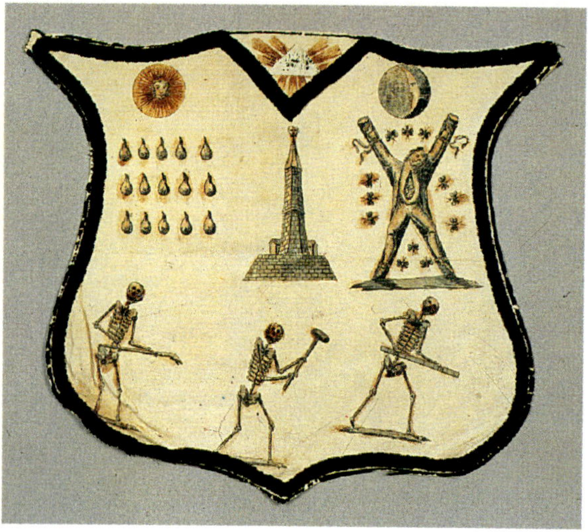

Sur ce tablier maçonnique qui illustre la vengeance du meurtre de l'architecte Hiram (ci-contre), on peut distinguer les squelettes des trois assassins, chacun tenant en main l'outil qui a servi au crime. Le supplicié éventré, attaché à une croix, ainsi que la tête plantée sur un pal à l'une des portes de Jérusalem sont là pour rappeler l'extrême sévérité de Salomon vis-à-vis des assassins d'Hiram. Les quinze larmes d'argent témoignent du deuil provoqué par la mort de l'architecte. Contrairement aux idées reçues, Compagnonnage et Franc-Maçonnerie sont deux sociétés totalement distinctes qui n'entretiennent entre elles aucun rapport officiel. Le Compagnonnage est bien antérieur à la Maçonnerie moderne, née au XVIIIe siècle, qui a puisé dans les vieux rituels des métiers de la pierre pour bâtir sa propre symbolique.

C'est ici que réside toute la symbolique du personnage. Soucieux de la transmission de son savoir, Hiram, en participant à la création d'un Ordre des Compagnons, a donc mis en place une chaîne d'«œuvriers» capable d'assurer, en dépit de la disparition d'un de ses maillons les plus importants, la continuité du chantier et la transmission du savoir. Le spirituel prend ainsi le pas sur le temporel. Tout chantier peut et doit survivre à la disparition de son architecte. La transmission est donc plus forte que la mort.

D'un rite oriental à un rite occidental

Bien que connues dans les diverses familles compagnonniques, les légendes d'Hiram et de Salomon ne constituent pas à elles seules tout le corpus légendaire. Le Devoir de Liberté, sensibilité compagnonnique apparue officiellement dans le mouvement de la Révolution française, fut et demeure le dépositaire privilégié de ces légendes salomoniennes et hiramiques. Face à une construction dont l'inspiration est initialement païenne, d'autres sensibilités, plus proches du sentiment religieux, vont se référer à d'autres pères fondateurs, adoptant dès lors une symbolique nettement plus chrétienne. C'est ainsi qu'il convient de considérer les personnages allégoriques que sont Maître Jacques et le père Soubise, tous deux présentés comme architectes sur le chantier du temple de Jérusalem, même si d'autres versions légendaires tendent à éloigner ces deux pères fondateurs de Palestine pour les placer au cœur du royaume de France.

Les légendes s'accordent avec l'histoire pour voir dans les tailleurs de pierre le premier corps de métier organisé en Compagnonnage. Vinrent après les charpentiers, les menuisiers, les serruriers (pierre, bois, fer).

La cathédrale gothique en construction représentée ici dans un manuscrit du XVIe siècle se veut en réalité l'illustration du chantier du Temple de Jérusalem. Depuis la célèbre miniature de Jean Fouquet réalisée un siècle plus tôt, il est fréquent d'observer ce type de substitution, reflet significatif d'une vision égocentrique qui n'hésite pas à adapter événements ou monuments au modèle chrétien occidental.

Maître Jacques, tailleur de pierre

Les légendes situent sa naissance en Gaule. Tailleur de pierre talentueux, il aurait beaucoup voyagé, visitant la Grèce et l'Egypte avant d'arriver à Jérusalem, attiré par la renommée du chantier dirigé par Salomon. Il travaille à la construction du temple et se fait vite remarquer grâce à la réalisation de deux colonnes dodécagones sur lesquelles il grave diverses scènes de l'Ancien Testament. Son talent et son amour de la belle ouvrage lui valent d'être rapidement nommé Maître des tailleurs de pierre mais aussi, preuve de la valeur particulière du personnage, Maître des menuisiers et des maçons.

Le chantier terminé, Jacques retourne en Gaule en compagnie d'un autre architecte, Soubise, avec lequel il se fâche durant le voyage. Soubise débarque à Bordeaux, Jacques préférant la région de Marseille.

Plusieurs textes légendaires insistent sur les

tentatives d'assassinat que dut affronter Maître Jacques, ces exactions étant à mettre au compte de son rival Soubise. Chacun des deux architectes est revenu en Occident accompagné d'une poignée de disciples entièrement dévoués. Les rixes entre Compagnons du rite Soubise et ceux de Maître Jacques deviennent alors chose fréquente, précisent les légendes.

Désireux de se retirer du monde afin de se livrer à la méditation, Jacques choisit le massif de la Sainte-Baume en Provence pour dernière demeure. C'est en ce lieu fort symbolique qu'il périt assassiné. Sa mort présente plusieurs similitudes avec la Passion du Christ (prière avant la Passion, baiser de paix donné par celui qui va le trahir, suicide du traître, pardon accordé à ses assassins, partage des habits du défunt).

Jacques (ci-dessus) est avant tout un tailleur de pierre. Dans toutes les images du XIXe siècle, il est représenté en noble seigneur médiéval. Ce personnage évoque ainsi quelques points communs entre chevaliers et Compagnons : blasons symboliques, cérémonies de réception pour les uns, adoubements pour les autres, serment de fidélité, règle comportementale. Jacques est enfin (avec Soubise) le pendant occidental et chrétien d'un Compagnonnage qui souhaite, à un moment de son histoire, se démarquer d'un héritage oriental et païen incarné par Salomon. Sur toutes les représentations imagées, Jacques montre de son index le livre ouvert du Saint-Devoir de Dieu.

Père fondateur du Saint-Devoir de Dieu, Jacques aurait donc instauré en Occident les premières règles et statuts d'un Compagnonnage qui se différencie par là même de l'Ordre initial qui aurait vu le jour en Palestine.

Le père Soubise, Maître des charpentiers

La légende de Soubise est étroitement liée à celle de Jacques. Quelles que soient les versions, l'un s'explique souvent par rapport à l'autre.

Ainsi, le texte le plus communément admis voit en Soubise un architecte présent lors de la construction du Temple de Jérusalem. Il aurait eu la responsabilité des charpentiers. Durant le voyage qui le ramena en Gaule en compagnie de Maître Jacques, il se serait donc fâché avec ce dernier à tel point que certaines légendes voient en Soubise le commanditaire du meurtre de Jacques.

D'autres récits, mais plus rares, préfèrent mettre en scène un Soubise qui se serait surtout intéressé aux plans du Temple de Jérusalem à tel point qu'il aurait rédigé quantité de notes et tracé nombre d'épures cachées ensuite en un lieu secret, lieu découvert bien plus tard par un moine bénédictin répondant au même nom que lui.

Soubise est symboliquement le représentant du bois. Pour les Compagnons, il évoque aussi, par sa qualité de moine, la vie communautaire et l'observance de la règle. Il rappelle enfin, par son compas, l'enseignement du trait initialement étudié dans de nombreuses abbayes.

La scission d'Orléans

Le couple Jacques/Soubise présent sur le chantier de Jérusalem se retrouve transposé par les légendes dans un autre chantier qui, au tout début du XVe siècle, a pour vocation de lever la cathédrale Sainte-Croix dans

Posséder le savoir d'un métier constitue au Moyen Age un véritable gage de respectabilité et de dignité. C'est ce que semble suggérer cette miniature du XVe siècle (à gauche) qui illustre parfaitement la noblesse et la fierté de l'homme de métier.

la ville d'Orléans.

De nombreux textes nous présentent pour la circonstance deux maîtres d'œuvre, Jacques Moler dit la Flèche d'Orléans, responsable des tailleurs de pierre, menuisiers, serruriers et forgerons, et Soubise de Nogent dit Parisien le Soutien du Devoir, maître des charpentiers. Il est évident que le nom symbolique de ces deux architectes témoigne de leur appartenance à l'Ordre des Compagnons.

La légende veut que Jacques et Soubise, profitant d'une grève des ouvriers, saisirent l'opportunité d'imposer à tous les membres de l'Ordre compagnonnique la pratique de la religion catholique. Tous les Compagnons présents à Orléans n'acceptèrent pas de se fondre dans un Saint-Devoir de Dieu, désirant rester fidèles à une organisation initiée à l'époque de Salomon. Après des rixes meurtrières, une scission vit donc le jour entre Compagnons, les uns se rangeant derrière le Devoir redéfini par Jacques et Soubise, les autres préférèrent fuir le chantier et se placer sous la bannière du roi Salomon. D'abord appelés «non du Devoir», ces Compagnons épris de liberté et refusant toute tutelle catholique auraient créé, bien plus tard, le fameux Devoir de Liberté. C'est du moins ce que rapportent les légendes d'Orléans.

La Sainte Trinité est l'un des symboles majeurs des Compagnons Tailleurs de pierre du Devoir du rite de Maître Jacques, longtemps connu sous l'appellation de Saint-Devoir de Dieu.

Une femme dans les légendes

Ordre de bâtisseurs ne recrutant que des hommes, le Compagnonnage véhicule fort logiquement un légendaire masculin. Aujourd'hui encore, les femmes ne sont pas acceptées par les diverses familles compagnonniques. À l'exception de la Mère des Compagnons, aucune initiation n'est conférée au sexe féminin. C'est pourquoi, il convient de considérer avec une attention toute particulière le cas de Marie-Madeleine, élevée au rang de patronne du Compagnonnage du Devoir.

Les Compagnons se rendant en pèlerinage à la Sainte-Baume en Provence vont honorer, outre le souvenir de Maître Jacques, la mémoire de Marie-Madeleine, la pécheresse repentie qui, après avoir évangélisé la Provence, se retira en ce lieu pour y finir sa vie dans la méditation et la prière.

Il est évident que les Compagnons n'ont pu qu'être interpellés par l'exemple de cette femme qui, chaque jour, accomplissait un rituel de mort (retirée dans la grotte) et de résurrection (les anges l'amenaient tout en haut du Saint-Pilon qui domine le site pour entendre les musiques célestes). Symboliquement, cette pécheresse, en méditant sur elle-même, a su montrer aux Compagnons que le travail et l'étude

L'épisode de la rencontre de Marie-Madeleine (ci-dessus) avec le Christ ressuscité, déguisé en jardinier (page de droite), est au cœur même de la symbolique du message véhiculé par le personnage de Marie-Madeleine. De nombreux tableaux n'hésitent pas, comme ici, à transposer cette scène de la Palestine en Provence. Les célèbres paroles du Christ-jardinier «*Noli me tangere*» prononcées à l'adresse de Marie-Madeleine figurent sur les couleurs de nombreux Compagnons ainsi que sur les vitraux actuels qui ornent la chapelle de la Sainte-Baume. La mémoire de la sainte est honorée par les Compagnons le 22 juillet.

permettent de transformer la matière brute en la débarrassant de ses impuretés pour devenir un élément tendant vers la perfection. Comme il est encore écrit dans quelques rituels compagnonniques : elle a su aller du visible vers l'invisible.

Une des clefs de la compréhension du message véhiculé par Marie-Madeleine se trouve dans la réplique que lui fit le Christ ressuscité au moment où il apparut sous les traits d'un jardinier en lui disant : *Noli me tangere!* («Ne me touchez pas!»). Ces trois mots peuvent rappeler le fameux sigle des Compagnons : L.D.P. (liberté de passer), évoquant la franchise médiévale de l'ouvrier itinérant qui ne pouvait être arrêté durant son voyage en raison de ses protections seigneuriales ou ecclésiastiques. Le caractère sacré du Compagnon initié aux secrets du métier ne pouvait être touché par le simple profane. Si l'on tentait d'importuner le noble voyageur, ce dernier pouvait dès lors répondre fort symboliquement : *Noli me tangere!*

Enfin, en toute logique, ce pèlerinage à la Sainte-Baume s'adresse également aux Mères des Compagnons qui peuvent voir dans Marie-Madeleine un autre message que celui destiné uniquement aux ouvriers du Compagnonnage.

Plusieurs lithographies compagnonniques du XIXe siècle montrent Marie-Madeleine dans sa «baume» où, selon la légende, la sainte ne se nourrissait que d'eau de pluie.

L'apparition des premières sociétés compagnonniques se situe dans les derniers siècles du Moyen Age. Aux métiers de la cathédrale viennent se greffer d'autres corps d'état. D'abord clandestin, le Tour de France des Compagnons s'affirme de plus en plus comme la voie de promotion professionnelle et sociale. En dépit des interdictions royales, condamnations et scissions religieuses, le Compagnonnage s'organise et se développe dans le royaume.

CHAPITRE II
LE TEMPS DE L'ÉMERGENCE

Les premiers ouvriers itinérants posent les fondations d'un Compagnonnage soucieux de s'émanciper radicalement de la tutelle corporative.

Au temps des bâtisseurs de cathédrales

Les premiers métiers acceptés en Compagnonnage furent, entre le commencement du XIIIe et la fin du XIVe siècle, les tailleurs de pierre et les charpentiers, suivis ensuite par les menuisiers et les serruriers. Toutes les listes de préséance en circulation dans les divers Compagnonnages confirment l'ancienneté et la primauté de ces corps d'état qui couvrent les trois matériaux de base indispensables à toute construction : pierre, bois et fer. Certes, aucun

Le chantier est le lieu privilégié où se transmet le savoir-faire propre à chaque métier. D'abord relégué aux tâches les plus humbles, le jeune apprenti découvre rapidement une organisation hiérarchisée et fraternelle, fondement des premières sociétés compagnonniques.

document officiel ne permet d'avancer avec certitude une date ou des lieux précis, néanmoins l'émergence des premières sociétés à caractère compagnonnique se situe bien dans ce champ de l'histoire où le triptyque corporations-cathédrales-croisades contribue fondamentalement à forger la première identité compagnonnale.

L'itinérance de ces métiers spécialisés et pourvus de franchise est à la base même du voyage professionnel que constituera plus tard le fameux Tour de France. Ces sociétés hiérarchisées et organisées qui regroupent initialement les métiers des cathédrales possèdent leurs propres rites, leurs traditions et leurs coutumes entièrement liés à la transmission d'un savoir professionnel, un art de bâtir qui ne peut être délivré que sous certaines conditions.

Différent du tâcheron, qui n'est payé que pour exécuter un travail de moindre importance, le Compagnon tailleur de pierre revendique un statut bien distinct de celui du simple manœuvre. Participant à l'édification des principaux édifices de la chrétienté, il utilise des techniques très élaborées. Son savoir-faire le place au premier rang chez les bâtisseurs de cathédrales. Le Compagnonnage de la pierre développe toute une symbolique de la construction qui voit l'homme œuvrier prendre toute sa dimension au sein d'un univers lui-même comparé à un gigantesque chantier ordonné par un Dieu grand architecte.

Des hommes différents, des métiers spécialisés

Le chantier des cathédrales met en valeur une distinction entre métiers qui va s'accentuant. Mis à part le cas particulier de l'architecte et de l'appareilleur, une véritable supériorité est accordée aux maçons, tailleurs de pierre, charpentiers et, à un autre degré, aux métiers du fer et du feu (serruriers et verriers) qui jouissent d'une estime et de privilèges que ne connaissent pas les autres corps qui participent, plus modestement ou

moins visiblement, au levage de la cathédrale. Ces communautés ouvrières s'organisent, définissent des règlements, pratiquent des cérémonies pour recevoir leurs nouveaux membres, commencent à porter des couleurs distinctives sur le chantier (rubans autour de la tête), instituant des signes ou des mots particuliers pour se faire reconnaître en qualité de membres d'une fraternité du bois, de la pierre ou du fer : le Devoir s'organise.

En ce sens, il est intéressant d'étudier les statuts de Ratisbonne, lesquels, quoique relatifs à une organisation germanique, reflètent en 1459 une part de l'esprit qui définit un Compagnonnage en pleine phase de structuration. Ces statuts sont rédigés autour d'axes majeurs tels les usages et coutumes de métier, les obligations d'entraide et de solidarité, la formation professionnelle. Les notions de fidélité et de serment sont sacralisées, la discrétion à l'encontre de tout étranger à la confrérie est nettement soulignée. En 1563, les ordonnances impériales de Strasbourg ne font que compléter et préciser ces statuts qui présentent un point commun essentiel avec la philosophie du Compagnonnage : la liberté et

L'édifice religieux n'est pas le seul chantier d'envergure du Moyen Age. Les métiers de la pierre sont également sollicités pour la réalisation des enceintes fortifiées des premières villes médiévales, dont la construction exige, elle aussi, des ouvriers exercés et groupés en association. Les hommes de métier font rapidement figure de détenteurs d'un art jugé comme le premier et le plus estimable de tous.

« Tout maçon peut prendre un second apprenti dès que le premier a accompli cinq années d'apprentissage, quel que soit le terme auquel a été pris le premier. »

Le Livre des métiers, XLVIII

la possibilité de voyager de chantier en chantier, de ville en ville.

L'immobilisme des corporations

Les raisons historiques de l'émergence compagnonnique se trouvent également dans l'histoire des corporations médiévales, lesquelles n'ont jamais souhaité ou permis l'épanouissement de l'ouvrier appelé alors Compagnon. En 1268, le *Livre des métiers* d'Etienne Boileau, ayant pour principal objectif d'uniformiser les statuts de corps sauvages, interdit pratiquement à tout ouvrier la liberté de voyager. Dès lors, s'il n'est pas fils ou gendre de maître, le Compagnon de la corporation ne peut entretenir aucun espoir de devenir maître à son tour car les responsables

Les premières associations ouvrières ne tardent pas à adopter rituels et statuts variant en fonction des métiers. Se développant en dehors de tout contrôle royal, elles sont considérées comme «corps sauvages» par un pouvoir en place qui souhaite en maîtriser et encadrer l'organisation. L'inventaire exhaustif des associations ouvrières, la durée de l'apprentissage, les éventuels déplacements, les conditions d'accès à la maîtrise... tels sont les points majeurs du *Livre des métiers* (ci-dessous) commandé par le roi Louis IX au prévôt de Paris.

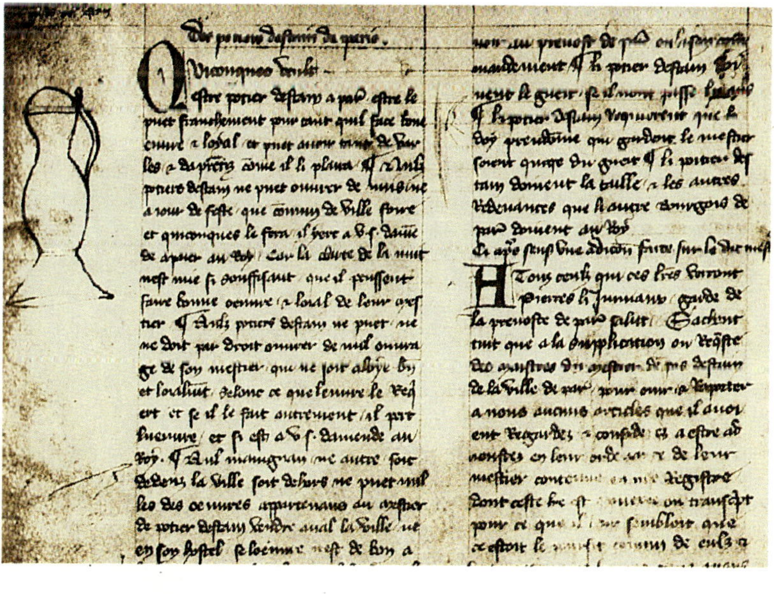

corporatifs ont su rapidement instaurer un système qui verrouille l'accès à la maîtrise. Le Compagnon, aussi talentueux soit-il, n'aura jamais l'argent nécessaire pour payer de coûteuses cérémonies, ouvrir boutique ou, plus simplement, acquérir les matériaux et le temps nécessaires à la présentation d'un chef-d'œuvre, travail imposé et jugé par les maîtres de la corporation, seuls autorisés à transformer le Compagnon en maître. Ainsi, à partir d'une injustice cruellement ressentie, de plus en plus nombreux sont les Compagnons des corporations qui, à partir des XIIIe et XIVe siècles, osent braver la loi afin de voyager librement, ne souhaitant pas vivre dans le carcan corporatif.

Les merveilleux vitraux de la cathédrale de Chartres forment un véritable conservatoire des corporations médiévales et de leurs gestes quotidiens. Il convient cependant de ne pas confondre l'organisation corporative et l'organisation compagnonnique qui se différencient sur un point fondamental : la liberté de voyager, de quitter son maître pour parfaire son apprentissage. Les maçons, tailleurs de pierre et charpentiers représentés sur ces vitraux figurent parmi les premiers à s'organiser en société compagnonnique.

Un Compagnonnage poursuivi

De nombreuses ordonnances royales ou arrêts de parlement concernent rapidement ces sociétés qui osent défier l'institution corporative. En voyageant librement, les premiers Compagnons appartenant à cette société connue sous le nom de Devoir bravent en fait l'ordre public et le pouvoir royal. Ces textes représentent un précieux corpus pour l'historien qui peut, par le simple examen de ces documents, observer l'acceptation progressive de nouveaux métiers dans le giron compagnonnique. Ainsi, en 1420, une ordonnance de

Une volonté de mémoire semble parfois habiter certains œuvriers, maîtres d'ouvrage et maîtres d'œuvre, soucieux d'associer leur nom à l'édifice dans lequel ils se sont investis. En règle générale, les inscriptions personnelles sont assez rares, seuls les outils symboliques de la fonction exercée suffisent à identifier le personnage. Pour Anton Pilgram, représenté en 1513 sur un détail de l'orgue de la cathédrale Saint-Etienne de Vienne, on remarquera la mise en valeur de l'équerre et du compas tout en observant que le personnage, afin de montrer l'importance de sa mission, semble soutenir à lui seul le poids de l'édifice.

Charles VI vise les cordonniers de la ville de Troyes : «Plusieurs Compagnons et ouvriers du dit mestier, de plusieurs langues et nations, alloient et venoient en ville ouvrer pour apprendre, congnoistre et savoir

les uns des autres.» Ne peut-on rêver de plus belle définition pour définir le Tour de France? Aux métiers des cathédrales se sont donc joints des métiers du cuir, la liste des nouveaux corps compagnonnisés ne fait que débuter.

La Mère des Compagnons

Le voyage est devenu discret, les franchises et autres privilèges accordés au temps des cathédrales n'existent plus. Un réseau officieux d'accueil et de placement se fait de plus en plus performant, à tel point que de nombreux maîtres des corporations déposent plaintes et réclamations vis-à-vis de ces sociétés compagnonniques qui commencent à revendiquer des droits pour les membres de leur Devoir. En 1540, dans un procès-verbal établi à Dijon, deux Compagnons cordonniers avouent avoir été hébergés «chez une femme nommée la mère». C'est, à ce jour, la citation la plus ancienne relative à l'existence de ce personnage féminin qui tient un rôle capital dans l'organisation du Tour de France. Relais,

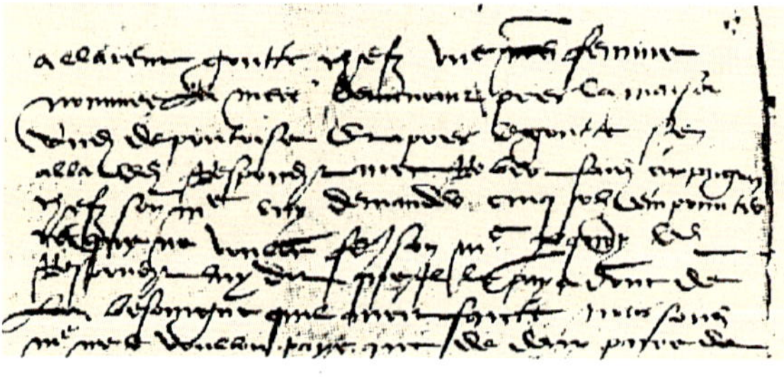

La mère est l'un des personnages, en même temps que l'une des institutions, les plus caractéristiques du Compagnonnage. Logeuse des itinérants qui s'arrêtent quelque temps pour travailler en ville, elle représente à la fois la mère des Compagnons et le siège de la société. Elle désigne donc la femme et la maison : c'est tout une. Avec son mari (le père), ses fils (les petits-frères) et ses filles (les petites sœurs), la mère constitue la nouvelle famille qui accueille le jeune ouvrier qui effectue son Tour de France. Seule femme acceptée parmi tous ces jeunes hommes, l'aubergiste des premiers temps (procès-verbal de Dijon ci-contre) devra attendre patiemment quelques siècles avant d'acquérir un statut qui la place officiellement et symboliquement à part entière au sein de la communauté compagnonnique.

haltes et auberges tenus par des femmes (les Mères) ou, moins souvent, par des hommes (les Pères), constituent donc la véritable colonne vertébrale du Tour de France des premiers temps. Dans ces lieux dont on se communique l'adresse de bouche à oreille, l'ouvrier voyageur est sûr d'être accueilli et hébergé, certain d'être reçu comme un frère par une communauté qui prendra soin de lui trouver un emploi, tout en lui assurant une formation de qualité grâce à des cours dispensés le soir, en dehors des horaires de travail en atelier. Ainsi, dès les premiers jours, la fraternité et la solidarité accompagnent la mobilité.

Un Devoir également présent à l'étranger

La Bibliothèque nationale abrite un manuscrit de Guglielmo Caourcino, *Le Siège de Rhodes*, qui a la particularité de présenter la plus ancienne image connue à ce jour mettant en scène des Compagnons. L'événement se déroule en 1480. On peut y voir le grand maître de l'Ordre des Hospitaliers de Saint-Jean-de-Jérusalem recevoir

En cette fin de Moyen Age, les liens entre sociétés compagnonniques et ordres chevaleresques sont solidement établis. En France et à l'étranger, les rapports sont fondés sur un respect réciproque. Cette cérémonie solennelle de chantier se déroulant à Rhodes en 1480 montre Pierre d'Aubusson, Grand Maître de l'ordre des Hospitaliers de Saint-Jean-de-Jérusalem, procéder à la réception de Compagnons charpentiers et tailleurs de pierre, certains portant leurs couleurs distinctives autour de la tête. Au premier plan de la scène figurent en bonne place les deux outils emblématiques du Compagnonnage : l'équerre et le compas.

solennellement un groupe de Compagnons charpentiers et tailleurs de pierre afin de les remercier pour leur aide au moment où la ville était assiégée par les Turcs. Cette image, devenue célèbre, dégage trois remarques particulièrement importantes. Tout d'abord, le port de couleurs symboliques autour de la tête est déjà en vigueur. L'équerre et le compas semblent, par rapport aux autres outils représentés, revêtir une dimension emblématique évidente pour symboliser le Compagnonnage. Dernier point, il existe bel et bien un Devoir qui exerce ses talents à l'étranger, ce qui est fort logique suite au mouvement des croisades qui a engendré une mobilité bien au-delà des frontières du royaume de France.

Le déplacement engendré par les croisades ne fait que s'inscrire dans un cadre plus vaste. Ainsi, dès 1287, Etienne de Bonneuil part avec son équipe à Uppsala, en Suède, dans le but de construire une cathédrale à la française. A son tour, en 1344, Mathieu d'Arras est invité en Hongrie pour lever la cathédrale Saint-Guy. L'Europe des bâtisseurs est déjà une réalité. La fin des croisades associée à la fin des cathédrales

Les Compagnons se font discrets, souhaitant se fondre dans un anonymat ou dans une symbolique animalière : ainsi, les chiens, les loups, les lapins, les singes, les renards... vont progressivement occuper la pierre ou le bois afin de laisser une trace de la présence compagnonnique.

Parmi les marques distinctives, le célèbre chiffre 4, appelé parfois «quatre de chiffre», n'est pas une pratique exclusive du Compagnonnage. De nombreux métiers du commerce utilisent cette marque particulière, ainsi que les imprimeurs, les libraires, papetiers, graveurs et relieurs. Inspiré du signe de croix, il est aussi symbole de protection tout en signifiant que son auteur a atteint une maîtrise certaine de son art.

gothiques et autres chantiers d'envergure entraînera le retour d'une partie de ces ouvriers en terre de France, lieu privilégié où se développe le Compagnonnage.

Les problèmes avec l'Eglise

Le fait de pratiquer certaines cérémonies lors des réceptions des nouveaux membres, des signes et des mots de reconnaissance, la présence d'un rituel et d'un symbolisme, un secret de métier souvent mal perçu de l'extérieur, tout cela contribue rapidement à faire naître quelques suspicions au sein d'une Eglise de France initialement bienveillante envers ceux qui avaient pu et su lui lever des chefs-d'œuvre comme les cathédrales. Ainsi, en 1645, après une longue période d'observation, la confrérie du Très-Saint-Sacrement de l'Autel critique quelques déviations de la foi en accusant le Compagnonnage de parodier les sacrements. Plusieurs enquêtes aboutissent à la rédaction de monitoires destinés à être lus dans toutes les églises du royaume afin d'indiquer aux fidèles les dangers

Le «quatre de chiffre» a laissé place à d'autres signatures. En Provence, une nouvelle tendance prend forme au XVIIe siècle comme en témoignent les nombreuses marques visibles sur le pont du Gard, le temple de Diane à Nîmes ou l'escalier à vis de Saint-Gilles où, à l'instar de la Verdure le Picard, les Compagnons gravent leur nom symbolique, les outils représentatifs de leur métier et la date de leur passage.

Depuis quelques années, l'usage du «quatre de chiffre» semble avoir repris une certaine vigueur. Cette marque gravée, en 1994, par Normand l'Espérance, Compagnon sculpteur des Devoirs unis, sur une pierre de l'abbaye de Lagrasse dans l'Aude perpétue ainsi une pratique séculaire à laquelle sacrifient encore de nombreux Compagnons.

encourus en entrant dans une société compagnonnique. Une tentative de contre-Compagnonnage est même confiée à un certain Henri Buch (1598-1666), lequel, avec son ordre semi-religieux des Frères cordonniers, reçoit pour mission de contrer l'influence du Compagnonnage dans plusieurs villes. En fait, le Bon Henri échoue, ne parvenant pas à s'implanter durablement.

Les réceptions de nouveaux Compagnons du Tour de France et les baptêmes symboliques qui accompagnent ces dernières sont de plus en plus mal vécus par une église agacée d'observer une

“ Le bon Henri Buch était un dévot ; il voulait que les Compagnons vécussent dans le célibat et suivissent les pratiques religieuses en usage chez les moines : n'ayant pu réussir £dans son projet, il dut naturellement les dénoncer et les calomnier : c'était très naturel et surtout selon l'ordre du temps.”

Père Helyot, *Histoire des Ordres monastiques*, t. VIII

La coutume du serment, très présente dans les métiers jurés (ci-dessous), échappa au contrôle de l'Eglise, qui n'allait pas tarder à condamner le Compagnonnage dans sa globalité.

symbolique et une spiritualité ouvrières qui lui échappent. L'agacement est à son comble le 14 mars 1655 avec la publication de la célèbre «Résolution des Docteurs de la Faculté de Paris, touchant les pratiques impies, sacrilèges et superstitieuses, qui se font dans les mestiers de cordonniers, tailleurs d'habit, chapeliers et selliers, pour passer Compagnons, qu'ils appellent du Devoir, depuis peu

recognues et advoüées par plusieurs desdits mestiers». Pour les docteurs de la Sorbonne, toute confrérie de métier devient alors suspecte car susceptible d'abriter un Compagnonnage. Entrer en Compagnonnage est désormais synonyme de péché grave.

En réalité la condamnation de l'église ne va pas empêcher ni même freiner un mouvement qui est déjà appelé à un avenir florissant. De plus en plus de

Les Frères cordonniers du bon Henri, instituteur et Premier Maître de l'Ordre, portaient un habit quasi monastique. Leur travail, identique en tout point à celui du cordonnier (ci-contre), était rythmé par des prières et des cantiques. Un modeste réseau de maisons de l'Ordre fut mis en place à partir de 1646 : Toulouse, Grenoble, Lyon, Nancy, Metz, Toul et Soissons constituèrent ses principales implantations. Membre de la confrérie du Très-Saint-Sacrement, Henri Buch ne parvint jamais à réaliser son rêve d'anéantissement des sociétés compagnonnales. L'ordre des Frères cordonniers disparut quatre ans seulement après la mort de son fondateur en 1666.

jeunes garçons quittent désormais leurs familles pour aller effectuer ce fameux Tour de France qui, outre un fabuleux voyage, est porteur de tous les espoirs d'un monde ouvrier en quête d'une structure qui défende enfin ses intérêts.

Les Compagnons «non du Devoir»

La révocation de l'édit de Nantes en 1685 entraîne un profond bouleversement dans le Compagnonnage français. Nombreux sont les Compagnons adeptes de la religion réformée obligés de s'expatrier afin de fuir les poursuites et autres tracas infligés aux protestants. L'origine du surnom «Etrangers», réservé aux Compagnons Tailleurs de pierre du rite Salomon, prend peut-être sa source dans cette séparation entre Compagnons catholiques et protestants qui obligea une majorité de ces derniers à s'installer à l'étranger. De même, les légendes relatives à la scission d'Orléans doivent être examinées à travers ce prisme.

Désormais, en ce XVIIe siècle, il existe deux catégories de Compagnons nettement décrites dans

Contrairement au sens étymologique, la religion divise le Compagnonnage au moment de la Réforme. A l'image de la société française, le paysage compagnonnique se morcelle. Querelles et injures enveniment les relations entre membres du Saint-Devoir de Dieu, ouvriers de confession catholique, et Compagnons non du Devoir, membres d'une société qui attache moins d'importance aux croyances religieuses de ses affiliés.

les archives historiques de l'époque. D'un côté les Compagnons du Devoir (rites de Jacques et Soubise), essentiellement de confession catholique; de l'autre, ceux qualifiés de «non du Devoir», regroupant dans une très large majorité les Compagnons protestants. Le terme de «Devoir de Liberté» ne remplacera définitivement l'expression «non du Devoir» qu'à partir de la Révolution française.

Parmi les Compagnons adeptes de la Réforme certains se cachent dans les montagnes. De là viendrait le surnom de «Gavots» réservés aux Compagnons Menuisiers et Serruriers du rite Salomon. Une autre version, propagée par Agricol Perdiguier, rattache ce surnom aux événements survenus lors de la scission d'Orleans qui vit les Compagnons non du Devoir s'enfuir sur la Loire en empruntant des embarcations appelées gaborts ou gabotages.
Au moment le plus fort de ces querelles religieuses, les chambres des Gavots furent surnommées «synagogues» par de nombreux Devoirants.

En dépit de ses divisions, le Compagnonnage s'emploie à assurer accueil et embauche à tous ses membres qui effectuent le Tour de France. Face à des employeurs parfois récalcitrants, les sociétés compagnonniques mettent en place tout un système de contre-pouvoirs qui font d'elles les pionniers et les ancêtres du mouvement syndical.

CHAPITRE III
LE TEMPS DES REVENDICATIONS

Du monde des Compagnons, une image s'impose : tous les ans, au printemps, des groupes de jeunes hommes quittent leurs familles pour voyager à pied, en toute liberté, le sac au dos, sur un Tour de France riche de promesses et d'espoirs.

Un Compagnonnage militant

A partir du XVIIIe siècle, fort de sa puissance de plus en plus affirmée, le Compagnonnage parvient à établir de véritables conventions d'embauche, imposant même le montant des tarifs des journées de travail à des maîtres de plus en plus gênés par ces sociétés compagnonniques qui semblent avoir obtenu, dans certaines régions, le quasi-monopole de l'embauche. Les bureaux de placement, installés par quelques municipalités désireuses de contrer l'influence compagnonnale, ne pèsent d'aucune efficacité face au poids d'un Compagnonnage omniprésent, proposant de surcroît les meilleurs ouvriers disponibles sur le marché du travail. Les poursuites se font de plus en plus fréquentes et nombreuses, rien n'y fait : le Compagnonnage est désormais une institution qui a les moyens de se faire respecter. L'«interdit de boutique» est une arme absolue qui a le pouvoir de venir à bout des maîtres les plus récalcitrants. Cette pratique consiste à interdire à tout ouvrier (Compagnon ou non) de se mettre au service d'un maître qui refuse d'accorder les revendications formulées par les Compagnons. Afin d'éviter une faillite annoncée, le patron frappé d'interdit devient alors plus conciliant pour lever la mesure qui le pénalise. A une plus grande échelle, l'«interdit de

Au XVIIIe siècle, le Compagnonnage attire un nombre croissant de jeunes par son réseau particulièrement performant de solidarités. A chaque étape du Tour de France, on accueille les arrivants, on contrôle les ateliers, on défend les chômeurs et on protège les malades. A la vie monotone et sans espoir de promotion que propose l'organisation corporative, le Compagnonnage répond ainsi aux attentes d'une jeunesse ouvrière qui a soif de connaissance et de reconnaissance. Seul point restrictif : le Compagnonnage n'accepte pas tous les métiers en son sein. A l'image du cordonnier représenté ici au travail, une quinzaine de corps d'état seront toutefois progressivement intégrés dans la famille compagnonnale tout au long du XVIIIe siècle.

ville» apparaît comme l'arme ultime des Compagnonnages face aux maîtrises d'une ville qui tentent d'imposer en force un système ou des tarifs non conformes aux attentes des Compagnons.

Un Compagnonnage ancêtre du syndicalisme

En mai 1730, le gouverneur de la ville de Montpellier, Armand François de Lacroix, dans une ordonnance visant les Compagnons Menuisiers et Charpentiers, signale que «par un abus punissable, ils ont entrepris de faire un syndicat entre eux, de prendre même des délibérations contre le corps des maîtres menuisiers et charpentiers». Les grèves, que les Compagnons nomment «cabales», se font de plus en plus nombreuses. Le temps de la clandestinité a laissé

L'atelier est un lieu où ne se mélangent pas les Compagnons de rites différents. Ainsi est-il extrêmement rare de voir coexister Gavots et Devoirants au sein d'un même atelier de menuiserie. Cette concurrence est, dès le XVIIIe siècle, savamment utilisée par quelques patrons qui n'hésitent pas à solliciter un autre rite lorsque surgissent des problèmes avec une société.

place au temps de la revendication.

Conditions de travail, horaires à aménager, repas à améliorer, salaire minimum garanti, tels sont les principaux thèmes défendus par un Compagnonnage qui accueille désormais des dizaines de milliers d'ouvriers dans plus d'une vingtaine de métiers du bâtiment et de l'artisanat.

Les condamnations et les jugements se multiplient. Ainsi, en 1745, le parlement d'Angers inflige une mise au pilori à deux Devoirants avec une inscription très significative : «Compagnons du Devoir et perturbateurs du repos public».

Un Compagnonnage divisé

Le pouvoir en place, en dépit d'une attention toute particulière, ne craint cependant pas trop l'institution compagnonnique car il la sait profondément divisée

Au moment le plus fort des rixes compagnonniques, certaines sociétés n'hésitent pas à s'attacher durant quelques mois les services d'un maître d'armes rétribué pour le maniement des cannes de combat. C'est le cas des Tailleurs de pierre, des Charpentiers, des Menuisiers et des Serruriers, corps en proie aux querelles les plus violentes.

en sociétés farouchement opposées. Ces divisions sont fort habilement entretenues car synonymes d'un Compagnonnage incapable de représenter une menace sociale, aucun projet de bouleversement de société n'ayant d'ailleurs jamais figuré au programme de l'institution compagnonnique. Face à un Devoir qui regroupe une majorité d'ouvriers de confession catholique, existe une autre société regroupant initialement des Compagnons non du Devoir, ces derniers se retrouvant plus tard dans le célèbre Devoir de Liberté, dénomination apparue dans la lignée de la Révolution française. Des rixes parfois meurtrières opposent alors Gavots et Devoirants, Loups et Loups-Garous, Soubises et Indiens,

autant de qualificatifs désignant certains métiers de certains rites. A chaque fois, la police intervient, relevant des morts, emprisonnant pour quelques temps les responsables, attisant si possible les

« Les combattants de la mêlée,
»Armés de cannes à bouterolles,
»De grands compas de fer et d'outils assassins,
»Se massacraient ! Il faut que j'ouvre,
»Criait l'un, et que j'étripe tous les Loups !
»Moi, il faut, criait l'autre,
»Que je couvre le sol avec des peaux de Chiens !
»Au bourreau les Gavots ! Ah ! race
»De Loups capons ! d'oiseaux de proie !
»Payez-nous ! hurlaient-ils, payez le sang d'Hiram !
»Hue, Loups-Garous et Chiens ! Hue, fainéants !
»Déposez nos couleurs, manœuvres,
»Sinon, braillaient-ils, en serpents
»Nous vous les changerons !
»Mort aux Dévorants ! »

Frédéric Mistral,
«Les Compagnons»,
Calendal,
chant huitième

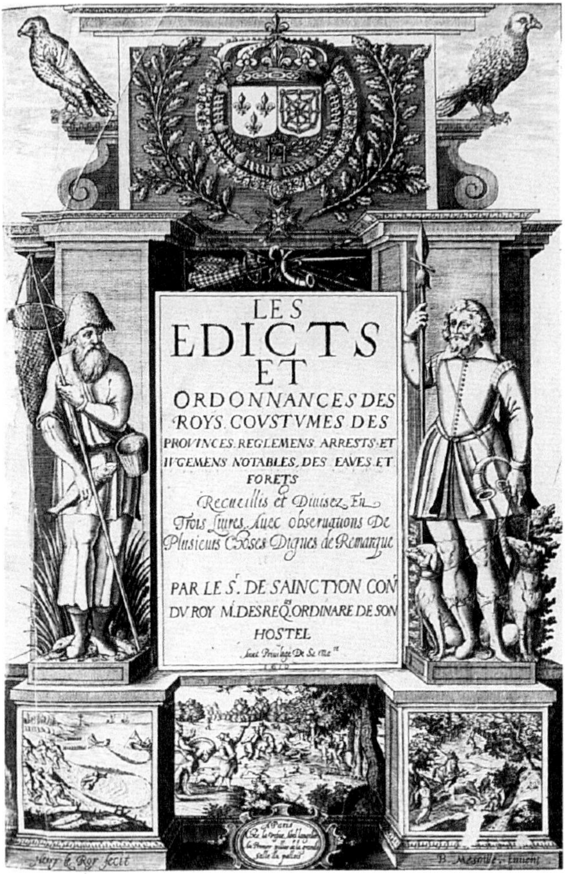

rancœurs et les oppositions entre rites.

Ces querelles entre Compagnonnages adverses peuvent s'expliquer à plusieurs niveaux. Incontestablement, la question religieuse porte une grande part de responsabilité. En effet, les rencontres entre Compagnons catholiques et protestants donnaient généralement prétexte à des rixes parfois sérieuses. Mais, ce qui semble tout aussi pertinent, fut ce désir entretenu par chaque société compagnonnique de maintenir, coûte que coûte, son implantation exclusive dans une ville afin de pouvoir

L'Ancien Régime est une société sous haute surveillance. Chaque métier juré est placé directement sous la tutelle et l'autorité du roi de France ou de ses représentants, qui souhaitent une codification des coutumes afin de surveiller au plus près les activités des associations et d'en tirer bénéfice par l'impôt. On comprend dès lors que les Compagnonnages, par nature hors la loi puisqu'ils n'entrent pas dans le corps officiel des métiers jurés ou réglés, soient considérés comme suspects et dangereux pour l'ordre établi.

A l'image des maçons (en haut à droite), longtemps placés sous la tutelle et la protection des tailleurs de pierre, tout métier désireux d'être accepté en Compagnonnage se doit d'être présenté et parrainé par un corps d'état compagnonnique jouissant de cette faculté. En ce XVIIIe siècle, Tailleurs de pierre et Charpentiers cooptent ou refusent l'entrée en Devoir des nouveaux métiers qui souhaitent s'inscrire dans une société que l'on sait fort soucieuse de l'intérêt de ses membres.

placer sans problème les membres de son Devoir, grâce à un quasi-monopole de l'embauche jalousement protégé. A cela il convient d'ajouter les susceptibilités entre métiers, certains refusant à d'autres l'honneur d'appartenir au Compagnonnage. Les boulangers, exemple le plus célèbre, devront attendre plus de cinquante ans, subissant injures, coups et quolibets, avant de se faire définitivement reconnaître en 1860.

Les édits de Turgot

En 1776, les édits de Turgot semblent porter un coup fatal aux maîtrises et aux jurandes, ennemies héréditaires des Compagnonnages : «Dieu, en donnant à l'homme des besoins, en lui rendant nécessaire la ressource du travail, a fait du droit de travailler, la propriété de tout homme et cette propriété est la première, la plus sacrée et la plus imprescriptible de toutes.»

Dénonçant les maîtrises qui «poursuivent la recherche de leurs intérêts au détriment de la société générale», l'article premier de l'édit de Versailles semble proclamer la liberté du travail tant attendue par les Compagnons du Tour de France : «Il sera libre à toute personne, de quelque qualité et condition qu'elle soit, d'embrasser dans tout le royaume et dans notre bonne ville de Paris, telle espèce de commerce et telle profession d'arts et métiers que bon lui semblera.»

Les édits de Turgot déclenchent une opposition et une résistance farouches de la part des corporations de l'Ancien Régime qui tentent de maintenir à tout prix un système déjà condamné. Cependant la porte de

En 1776, dans ses remontrances relatives à l'abolition des jurandes, le Parlement reproche vivement à Turgot de «favoriser l'agitation de ces êtres nés pour le désordre des sociétés». Désavoué par le roi, Turgot (ci-contre) démissionne.

l'abolition définitive est entrouverte, la Révolution française va s'y engouffrer.

L'espoir déçu de la Révolution française

Le 14 juillet 1789 est le jour qui vit nombre de Compagnons résidant dans le faubourg Saint-Antoine participer à l'attaque puis à la démolition de la forteresse de la Bastille. Dans la foulée de ces événements, les Compagnons attendent avec impatience la mort annoncée des corporations de l'Ancien Régime. Le 2 mars 1791, la loi d'Allarde abolit effectivement les corporations tout en instaurant la patente, promesse initiale d'un

Il est extrêmement rare de voir le Compagnonnage associé à la destruction gratuite d'un édifice. Outre l'évidence du contexte politique et social, cette participation compagnonnique à la démolition (ci-contre, à droite) de la Bastille vient confirmer une vieille tradition signalant que les Compagnons ont toujours refusé de lever une prison, considérant que l'art de bâtir ne pouvait être utilisé pour asservir l'homme.

avenir meilleur pour des milliers d'ouvriers, qui peuvent dès lors s'installer à leur propre compte : «La faculté de travailler est un des premiers droits de l'homme, et les jurandes lèsent ce droit. Elles sont, en outre, une source d'abus en raison de la longueur de l'apprentissage, de la servitude du Compagnonnage, des frais de réception. Elles nuisent au public en restreignant le commerce.» Le Compagnonnage dénoncé par Allarde est celui des vieilles corporations et non celui du Tour de France. Une phrase particulière suffit au bonheur de nombreux ouvriers qui, depuis des siècles, attendent cette liberté longtemps jugée inaccessible : «A partir du 1er avril, il sera libre à tout citoyen d'exercer telle profession ou métier qu'il trouvera bon, après s'être pourvu d'une patente et d'en avoir acquitté le prix.»

Mais, très rapidement, l'espoir se transforme en déception : en juin 1791, la loi Le Chapelier interdit toute association entre ouvriers. Le Compagnonnage est très nettement visé par cette loi dans laquelle on peut lire : «les citoyens du même état ou profession, les entrepreneurs, ceux qui ont boutique ouverte,

Aux côtés des menuisiers venus en nombre, d'autres Compagnons ont participé activement à la prise de la Bastille (page de gauche), comme en témoigne une épitaphe relevée sur la tombe d'un Compagnon Poêlier, Saintonge la Liberté : «Ici repose le corps de Jean-Martin Bienassis, né le 11 novembre 1766 et mort à Pont-l'Abbé le 19 mai 1836. Le 14 juillet le vit l'un des premiers sur la brèche à l'assaut de l'Ancien Régime puis il retourna à son atelier comme Cincinnatus à sa charrue, soupçonnant à peine la grandeur de son œuvre et la sublimité de son dévouement. Passant, si jamais la haine du despotisme pouvait faiblir en ton âme au retour anniversaire de ce quantième où il s'est immortalisé, vient sur cette tombe évoquer le vainqueur de la Bastille et te retremper dans son souvenir.»

les ouvriers ou Compagnons d'un art quelconque ne pourront, lorsqu'ils se trouvent ensemble, se nommer de président ou secrétaire ou syndic, tenir des registres, prendre des arrêts, former des règlements sur leurs prétendus intérêts communs. » Encore une fois, le Compagnonnage traverse sans encombre cette période de crise, son rôle sur le marché du travail étant désormais incontournable.

L'acceptation de nouveaux métiers

Longtemps limité aux seuls métiers des cathédrales, le Compagnonnage avait su progressivement accueillir quelques nouveaux corps en son sein. Ainsi, tanneurs, cordiers, teinturiers, vanniers, chapeliers, fondeurs, épingliers, forgerons étaient déjà compagnonnisés à la fin du XVIIe siècle. Cependant, le XVIIIe siècle voit l'arrivée en masse de métiers jusqu'alors tenus à l'écart par les diverses familles compagnonniques. Les rites de Maître

Très présent dans les villes, le métier de vitrier est en plein essor au XVIIIe siècle, quand il est accepté au sein du Devoir.

Jacques et du père Soubise sont les grands bénéficiaires de cet afflux qui confère au Compagnonnage une dimension et une influence nouvelles. De 1700 à 1797, tondeurs de draps, tourneurs sur bois, vitriers, selliers, poêliers, tonneliers-doleurs, couteliers, ferblantiers, couvreurs, bourreliers, charrons, cloutiers, toiliers, maréchaux-ferrants et plâtriers reçoivent le Devoir. Les effectifs dépassent largement les deux cent mille membres.

Le Compagnonnage s'affiche désormais aux yeux de tous. C'est le temps des défilés en ville et des «conduites», qui mettent sur les champs les partants qui commencent ou poursuivent leur tour de France. C'est l'époque qui voit chaque mois des auberges se transformer en relais compagnonniques.

Leur doloire affûtée entrait sans doute pour quelque chose dans le respect que les tonneliers inspiraient sur le Tour de France.

Un réseau bien organisé

Chaque métier compagnonnisé possède son propre tour de France. Ainsi, les auberges tenues par les Mères n'acceptent généralement qu'un seul métier et un seul rite. Nous sommes bien loin des sièges actuels où tous les corps de métier cohabitent sous le même toit. Quelques exceptions sont toutefois à relever; ainsi les menuisiers et serruriers non du Devoir font Mère ensemble.

Le «rouleur», personnage capital dans l'organisation compagnonnique, est spécialement chargé de l'accueil et du placement de tout nouvel arrivant. Un Premier Compagnon et un secrétaire

Surnommés Bons Cousins, les fendeurs, bûcherons et charbonniers ont longtemps cultivé un folklore bien particulier au sein d'un Compagnonnage forestier, distinct des autres sociétés. A partir du XVIIIe siècle, les Bons Cousins sont l'objet d'une récupération aussi bien maçonnique que mondaine puisqu'il devient de bon goût, dans les milieux aisés, de posséder en son salon un certificat (page de gauche, en haut) attestant de sa réception chez les Bons Cousins.

assurent la direction et la gestion des «chambres» ou des «cayennes», termes désignant les assemblées et les lieux de réunion des Compagnons.

Le Compagnonnage aux sources de l'économie sociale

En accordant quelques repas gratuits aux arrivants en ville, en autorisant des avances d'argent à certains de ses membres en difficulté financière provisoire, en se portant garant d'un Compagnon qui a des dettes chez un fournisseur, en assurant une embauche, en veillant à la qualité de la formation dispensée, en visitant le Compagnon hospitalisé, en versant une pension à ceux des leurs qui ne peuvent plus travailler, les sociétés compagnonniques de l'époque apparaissent comme le véritable laboratoire de ce qui, plus tard, constituera l'économie sociale française axée autour de trois composantes : coopérative, mutualiste et associative.

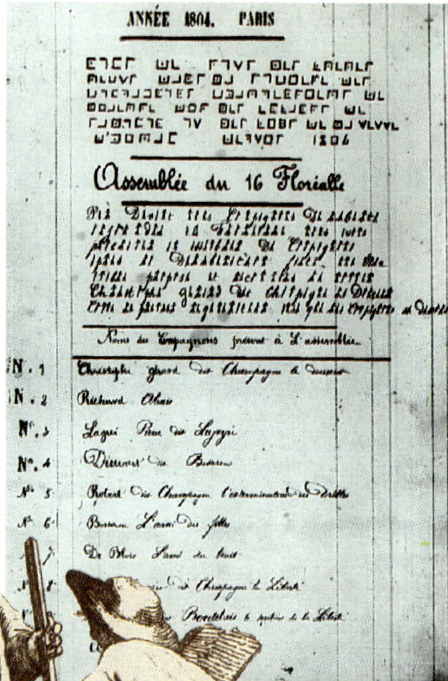

ANNÉE 1804. PARIS

Assemblée du 16 Floréalle

Noms des Compagnons présent à l'assemblée

Ce document de Compagnons Charpentiers est rédigé en écriture codée. La graphie du second paragraphe s'inspire des fameuses marques hiéroglyphiques de charpente, que l'on retrouve dans la pendule à Salomon.

Les auberges de jeunesse, les agences pour l'emploi, les caisses de retraite et de secours, les mutuelles professionnelles, les coopératives agricoles... la liste serait bien longue à établir des institutions actuelles qui se sont inspirées d'idées et de pratiques amorcées par les vieux Devoirs.

L'apparition du Devoir de Liberté

L'époque révolutionnaire fut propice à une utilisation généralisée du mot «liberté». Le Compagnonnage n'échappa pas à la règle. Ainsi apparaît rapidement un Devoir de Liberté qui, pour beaucoup d'observateurs, se veut être un Devoir qui accepte et préconise la

liberté de choisir ou non une religion.

Le 16 floréal 1804 marque une étape capitale dans l'histoire du mouvement compagnonnique car le Devoir de Liberté se signale officiellement en fondant une première cayenne à Paris. Les Compagnons non du Devoir s'appellent désormais les Etrangers, les Loups (tailleurs de pierre), les Gavots (menuisiers et serruriers) et les Indiens (charpentiers) qui, au travers du Devoir de Liberté se placent désormais sous la bannière tutélaire du roi Salomon.

Le XIXe siècle est l'époque privilégiée où la symbolique compagnonnique envahit le quotidien du Tour de France. Pas un diplôme, un certificat ou une lettre (comme ci-dessous) qui ne comporte des symboles et des allégories. Tout acte écrit se voit systématiquement accompagné d'un décor symbolique qui emprunte beaucoup aux légendes relatives à la construction du Temple de Jérusalem, aux trois fondateurs ou bien encore à la mort de l'architecte Hiram. L'équerre et le compas entrelacés sont désormais mis en valeur, des rameaux d'acacia, des feuilles de laurier, de chêne... ornent de plus en plus les blasons des métiers qui choisissent définitivement un ou plusieurs outils emblématiques pour préciser leur identité. Le Devoir de Liberté de l'époque adopte volontiers une symbolique plus hermétique que celle en usage dans le Devoir, à l'instar des Charpentiers qui se plaisent à cultiver un symbolisme particulièrement complexe prenant source dans l'Egypte ancienne. Avec le temps, cet excès et ce zèle s'atténueront.

Les concours de ville

Afin d'éviter de véritables batailles rangées toujours préjudiciables à l'image de marque du Compagnonnage, les rites adverses s'entendent parfois pour organiser un concours placé sous l'autorité de personnalités extérieures au Compagnonnage. Chaque société désigne son champion pour effectuer un travail précis dans un temps limité. A l'issue du délai imparti, le jury délibère et proclame qui des deux rites a gagné le concours et par là même la ville, véritable enjeu de la joute.

Parmi les concours les plus célèbres, il convient de retenir

En 1848, pour fêter la République, plus de dix mille Compagnons et Mères, tous Devoirs confondus, oubliant leurs différences l'espace d'un jour, défilent à Paris, place des Vosges. Devant un autel dédié aux trois fondateurs du Compagnonnage, la Franchise de Grenoble, Compagnon Tailleur de pierre Etranger, prononce un discours reprenant les idées humanistes de Perdiguier.

celui de Montpellier qui opposa, en 1803-1804, les Compagnons Menuisiers du Devoir à ceux du Devoir de Liberté. Chaque champion réalisa pour l'occasion une magnifique chaire à prêcher à tel point que le jury hésita longtemps avant de déclarer quel était le plus beau chef-d'œuvre. En décision finale, la ville fut octroyée aux deux sociétés, en l'absence d'un jugement clair et net de la part des experts. Toujours au début du XIXe siècle, les Compagnons charpentiers Indiens et Soubise de Lyon décidèrent de se départager par un concours bien original. Ils durent lever, chacun en partant d'une rive vers le centre du fleuve, un pont de bois sur la Saône. Ici encore le jury fut incapable de dire qui des deux sociétés avait réalisé la plus belle ouvrage, la ville fut donc donnée aux deux Compagnonnages. Signalons enfin le concours de Marseille qui mit en compétition les Compagnons Serruriers du Devoir et ceux du Devoir de Liberté en 1807. Pour l'occasion, le jury n'éprouva aucune peine à départager les champions. Seul le Devoirant Ange le Dauphiné présenta au bout de dix-huit mois de travail une serrure extraordinaire en forme de légion d'honneur. L'ouvrage était si imposant qu'il valut à son auteur une renommée sur tout le Tour de France et à son Compagnonnage l'exclusivité de la serrurerie sur Marseille.

La division entre rites donna donc naissance à de nombreux chefs-d'œuvre de prestige. Ce fut là le seul point positif de ces querelles internes qui affaiblirent le Compagnonnage dans sa globalité.

« Les deux concurrents furent enfermés et murés chacun dans une pièce [...]. Deux Compagnons du rite adverse montaient tour à tour la garde jour et nuit et veillaient à ce qu'aucun concours ne leur vînt du dehors. Les outils principaux leur avaient été fournis : forge, enclume, étau, marteaux, plus l'acier avec lequel ils devaient faire leurs outils, ainsi que le fer de leur choix pour la serrure, objet du concours. Leur travail dura 18 mois. Le Gavot n'avait pas encore terminé quand le Devoirant se déclara prêt. [Il sortit] avec sa serrure et trois clefs et tous ses outils après usage soudés entre eux par le biseau, afin d'en conserver le secret et formant dans leur ensemble une merveilleuse rosace. [...] les Devoirants restèrent maîtres de la ville et les Gavots quittèrent Marseille. »

Alphonse le Berry, *Les Muses du tour de France*, 1925

Le XIXe siècle est celui de tous les contrastes. Le Compagnonnage puissant des premières décennies cède rapidement la place à un Compagnonnage en proie à une crise d'identité très profonde. Entre-temps, une voix s'est élevée afin de proposer une réforme de l'institution. Mais le message d'Agricol Perdiguier se heurte à la révolution industrielle qui marque le déclin du Compagnonnage français.

CHAPITRE IV

LE TEMPS DU DOUTE

Le regard de ce Compagnon Menuisier du Devoir (à gauche) trahit-il le doute qui habite les métiers du bois face à la montée en puissance du fer, de plus en plus sollicité pour les chantiers d'envergure ?

Agricol Perdiguier ou une certaine idée du Compagnonnage

Agricol Perdiguier, dit Avignonnais la Vertu (1805-1875), marque incontestablement une grande page dans le livre d'histoire du Compagnonnage français. Ayant effectué son Tour de France chez les Compagnons menuisiers du Devoir de Liberté de 1822 à 1828, il retire de ce premier voyage des sentiments de colère et de tristesse. Profondément choqué par les rixes et les querelles entre sociétés adverses, il décide alors de quitter son village natal,

“La vie du Compagnon doit être une vie de paix, de travail et d'étude ; il faut que cela soit compris. Surtout dans les temps où nous sommes, nous devons nous unir, nous rapprocher plus que jamais : ne sommes-nous pas les enfants d'une même famille ? N'avons-nous pas la même origine, la même existence, la même fin comme homme et comme travailleur ? Qu'est-ce donc que la vie pour la si mal dépenser ? Nous ne sommes sur terre qu'un moment, et, au lieu de nous donner la main pour nous soutenir réciproquement et marcher tous ensemble d'un commun accord à travers le monde, nous ne pensons qu'à nous repousser, qu'à nous diviser, qu'à nous tyranniser, qu'à nous détruire les uns les autres [...]. En agissant ainsi, nous ne méritons vraiment pas le nom d'hommes ; nous sommes même quelque chose au-dessous de la brute, et nous nous attirons forcément tout le mépris, toute la haine qu'on nous porte [...]. Comprenez tous, mes amis, qu'étant divisés nous sommes faibles et méprisés, et qu'en nous unissant nous serons plus forts et respectés, et que la misère n'osera plus approcher de nous.”

Agricol Perdiguier,
Livre du Compagnonnage, 1839

Morières-lès-Avignon, où il était pourtant revenu pour reprendre l'atelier de son père, afin de retourner à Paris pour faire entendre sa voix prêchant la paix et la concorde entre les Devoirs. De 1834 à 1838, il publie quelques chansons et poèmes à la gloire de la fraternité et de la tolérance entre rites. Le véritable début de l'action menée par Perdiguier se situe en 1839 lorsqu'il fait paraître une de ses œuvres majeures, le *Livre du Compagnonnage*. Dès la parution de cet ouvrage, de nombreux Compagnons crient au scandale car Perdiguier est le premier à oser dévoiler aux yeux d'un public profane le contenu de certaines cérémonies, évoquant même les légendes ainsi que les symboles et, objectif essentiel de son livre, invitant l'ensemble des Compagnons à une réconciliation. Des personnalités littéraires et politiques découvrent alors en Perdiguier un homme attachant qui mérite d'être aidé dans sa généreuse entreprise. George Sand est la première à se manifester. Dès lors, une longue amitié va s'établir entre eux, à tel point qu'en 1840, la célèbre romancière s'inspire de Perdiguier pour rédiger son roman *Le Compagnon du Tour de France*.

Le message d'Avignonnais la Vertu

Avignonnais la Vertu, appuyé financièrement par Sand, peut entreprendre un second Tour de France afin de mieux faire connaître ses idées et ses projets. Les éditions Pagnerre, très réputées à l'époque, donnent à Perdiguier une dimension plus populaire, en éditant en 1841 le *Livre du Compagnonnage*. Le menuisier du faubourg Saint-Antoine devient l'ami de personnalités tels Michelet, Victor Hugo, Lamartine, Arago, Béranger, Flora Tristan…

Dans les rangs compagnonniques, on commence enfin à être attentif au message d'Avignonnais la Vertu. De tous les Devoirs, des messages de

« Je suis très occupée d'un roman qui est plus d'à moitié fait et qui sera lu, j'espère, un peu, sur le Tour de France. C'est votre livre qui l'a inspiré et, s'il y a quelque poésie et quelque bon principe, l'honneur vous en revient […]. Quant à ce que je fais pour faciliter votre voyage, c'est si peu de chose que ce n'est pas la peine d'en parler, j'y ai été aidée d'ailleurs par deux personnes d'un cœur généreux et d'un esprit vraiment porté à la justice qui, sans vous connaître, […] se sont empressées de seconder vos efforts, […]. Achevez donc avec votre pèlerinage et comptez sur moi en toute occasion. »

Lettre de George Sand à Perdiguier, 20 septembre 1840.

sympathie viennent encourager un projet de rénovation difficile à porter.

L'expérience politique tente Perdiguier. En 1848, il est élu représentant du peuple dans le Vaucluse et à Paris. Il opte pour la capitale mais, le 2 décembre 1851, le coup d'état de Louis Napoléon lui vaut l'exil en Belgique puis en Suisse. Il profite de cette épreuve pour écrire le second ouvrage essentiel de son œuvre, *Mémoires d'un Compagnon*.

De retour d'exil, Perdiguier constate avec amertume que beaucoup d'efforts restent encore à fournir pour, à défaut d'unifier, du moins pacifier le Tour de France. La guerre de 1870 et l'épisode tragique de la Commune mettent en lumière un Perdiguier de moins en moins influent sur un Compagnonnage en pleine crise d'identité. Avignonnais la Vertu meurt le 26 mars 1875, ayant échoué dans son projet de réforme de l'institution

Le 4 septembre 1870, dans un Paris assiégé par les Prussiens, Perdiguier se voit confier le poste de maire adjoint du XIIe arrondissement. Républicain, anticlérical et franc-maçon, il refuse de soutenir la Commune et n'admet pas que des personnalités comme Tolain ou Louis Blanc puissent se lever contre la République. Il refuse de s'associer à la démarche des Francs-Maçons parisiens désireux de privilégier la négociation au lieu des affrontements.

compagnonnale. Néanmoins l'œuvre de Perdiguier est immense et résonne encore dans les rangs des Compagnonnages actuels. Chaque année, à la Toussaint, des gerbes sont déposées par les différents Compagnonnages sur sa tombe au cimetière parisien du Père-Lachaise. Son message, très difficile à véhiculer, eut cependant l'immense mérite de mettre progressivement un terme à ces rixes entre rites adverses, ce qui valut à Perdiguier le surnom de «saint Vincent-de-Paul du Compagnonnage».

Les autres Perdiguier

Le personnage d'Agricol Perdiguier, aussi important soit-il, ne doit pas occulter d'autres ouvriers qui, eux aussi, proposent des réformes ou une rénovation du Compagnonnage. L'un des principaux détracteurs d'Avignonnais la Vertu est sans conteste Pierre Moreau (1811-1872), surnommé Moreau d'Auxerre. Cet ancien aspirant serrurier du Devoir dénonce, dès 1841, les diverses sociétés compagnonniques qu'il considère comme préjudiciables à l'intérêt du monde ouvrier. En réponse à Perdiguier, Moreau publie en 1843 *De la réforme et des abus du Compagnonnage*, livre critiquant avec force les rixes,

LE COMPAGNONNAGE

CE QU'IL A ÉTÉ, CE QU'IL EST

CE QU'IL DEVRAIT ÊTRE

PAR VICTOR-BERNARD SCIANDRO

Dit la Sagesse, de Bordeaux,

Compagnon passant Tailleur de Pierres.

«Un de vos collègues, ami du progrès, de vous et de moi, m'a procuré le plaisir de vous lire; je dis plaisir sans cependant être satisfait de votre ouvrage qui a pour titre *Le Livre du Compagnonnage*, mais parce que nous sommes toujours fiers d'avoir parmi nous autres ouvriers, des hommes qui, malgré le monopole de l'éducation, parviennent à faire ressortir leur talent comme vous venez de le faire. Il est facile à voir dans votre livre que vous êtes gêné; vous ne parlez pas comme vous pensez, la raison en est assez simple; vous ne pouviez pas dire tout d'un coup à ceux qui paient votre livre que votre institution est mauvaise, parce qu'elle détruit l'égalité prescrite par la nature, parce qu'elle est pleine d'abus, de mystère et d'orgueil : il faut la détruire de fond en comble, car le Compagnonnage est condamné par l'opinion publique. En tenant un tel langage on vous appellerait traître, renégat et transfuge; vous n'auriez plus de souscripteurs mais seulement des ennemis. Je vous en prie en grâce, ne faites plus l'éloge du Compagnonnage ni de Salomon. Vous perdriez votre temps.»

Lettre de Moreau à Agricol Perdiguier, 8 mars 1840

les rites et les coutumes en usage dans les rangs compagnonniques. Dans les diverses familles compagnonniques, l'initiative d'Avignonnais la Vertu va susciter des émules pendant tout le XIXe siècle.

En 1854, Toussaint Guillaumou, Compagnon Cordonnier du Devoir, dit Carcassonne le Bien Aimé du Tour de France, diffuse un *Projet de constitution fraternelle, compagnonnique et sociale*. En 1860, François Chovin, dit François le Dauphiné, Compagnon Menuisier du Devoir, fait paraître *Le Conseiller des Compagnons* appelant aussi à une pacification du Compagnonnage français.

Le temps des grandes grèves

L'esprit revendicatif des temps passés ne s'est pas éteint, bien au contraire. Une grève, parmi les plus célèbres de toute l'histoire du Compagnonnage français, reste sans nul doute la cabale des Compagnons Charpentiers de Paris qui, en 1845, s'opposent avec une rare détermination aux employeurs de la capitale pour des problèmes d'embauche et de salaires. Nombre d'entre eux sont alors poursuivis devant les tribunaux pour coups, violences, menaces et entraves, suite aux grandes grèves de l'été.

C'est en cette occasion que l'avocat Pierre Antoine Berryer a le très beau geste de refuser ses honoraires, tant la cause et le comportement des Compagnons l'ont ému. En hommage, les Compagnons Charpentiers du Devoir lui offrent un chef-d'œuvre baldaquin que l'avocat conservera toute sa vie dans son étude. A sa mort, le «Berryer» est rendu aux Compagnons Soubise qui le déposent dans leur cayenne de La Villette où il est encore visible aujourd'hui.

Apprendre en voyageant

Le cadre de la formation compagnonnique a pour nom le Tour de France. L'itinérant qui le parcourt est semblable à une abeille qui butine de fleur en fleur (les villes) pour apprécier et faire siens les sucs les plus fins (les techniques et tours de main) afin, plus tard, de réaliser son miel (le «chef-d'œuvre») au sein de la ruche (le siège) placée sous la bienveillance de la reine des abeilles (la Mère).

«Les conduites sont utilitaires puisqu'elles assurent aux partants sécurité contre les ennemis et confirmation festive [...], symbolique par les usages, les paroles fixées, les mimodrames qui accompagnent les violons et les chants et qui jouent les scènes de la séparation et de la protection.»

D. Roche, *FMR*, févr. 1993

L'*Illustration*, «Journal universel», tel qu'il se qualifie lui-même, consacre en novembre 1845 un grand reportage aux Compagnons du Tour de France. Sensiblement influencé par les ouvrages de Perdiguier et de Moreau, l'article, non signé, comporte néanmoins beaucoup d'erreurs sur la vie des Compagnons de l'époque. Les dessins qui l'accompagnent, œuvre de Jules Noël, demeurent d'un grand intérêt documentaire en dépit de plusieurs inexactitudes. Ainsi la conduite (en haut) semble l'occasion d'une beuverie, qui n'était pas de mise en pareille circonstance. L'arrivée chez la Mère (en bas à droite) dépeint une femme fort peu sympathique, portrait bien éloigné de la réalité et beaucoup plus proche des caricatures à la Daumier. Le défilé des Compagnons Charpentiers (à gauche) est beaucoup plus fidèle (foule des badauds, musique précédant le cortège) même s'il recèle quelques approximations vestimentaires.

Le voyage est le fondement même de l'identité compagnonnique. Le Tour de France permet la lente transformation de l'adolescent en un homme de métier qui se construit progressivement en découvrant au fur et à mesure de son long périple formateur de nouvelles habitudes de travail, de nouveaux visages, de nouveaux ateliers, de nouveaux employeurs, de nouveaux outils, dc nouveaux chantiers… La transmission des anciens envers les plus jeunes complète une formation hors du commun qui confère dès lors au Compagnon un savoir-faire et un «savoir être» synonymes d'une bonne insertion sociale et professionnelle à l'issue du périple compagnonnal.

La conduite est un moment solennel. Chacun arbore sa canne, ses couleurs, porte des gants blancs et son plus beau costume rehaussé du chapeau haut de forme afin de rendre honneur au partant. Moment de joie et de nostalgie, où chansons et recueillement se mêlent sur un rythme mené par le rouleur, reconnaissable à sa canne enrubannée.

Le rôle du rouleur

L'organisation matérielle du voyage à travers la France repose sur plusieurs personnages aux missions bien définies. Au premier rang figure le rouleur. Chargé des arrivants, ce Compagnon les accueille et les inscrit sur le «rôle», livre tenu par chaque société. Le rouleur doit s'occuper du placement et de l'embauche de tout itinérant, allant même jusqu'à l'accompagner afin de le présenter à son patron. Si le rouleur ne peut proposer une embauche, un viatique est alors offert à l'ouvrier voyageur pour lui permettre de rejoindre une autre ville. A la fin de la période de travail, le rouleur procède au «levage d'acquit», cérémonie obligatoire qui met fin au contrat moral qui liait l'employeur à l'employé. A cette occasion, il vérifie que chacune des deux parties est satisfaite. Un autre levage d'acquit est obligatoire en présence de la Mère afin de s'assurer que le partant ne laisse aucune dette à la charge de sa société (repas, chambre). Si un Compagnon déroge à cette pratique en quittant le siège sans être en règle, il est immédiatement déclaré «brûleur» et son signalement est diffusé sur tout le Tour de France, l'honnêteté ayant toujours été une des vertus majeures cultivées par le Compagnonnage.

❝Que les larmes
de la tristesse
»Ne viennent point
troubler nos yeux;
»Livrons nos cœurs
à l'allégresse
»Gaiement faisons
tous nos adieux.
»Sur le champ de
conduite
»Le plaisir nous attend,
»Le Devoir nous invite
»A partir
promptement.
»Frères il faut battre
aux champs,
»Quand on voyage
à notre âge,
»Nos cœurs contents
sont exempts
»De peines, de
tourments.❞

Conduite, Vendôme la Clef des Cœurs, 1840

Le rouleur occupe une fonction très importante au moment des conduites. Il roule en tête du cortège. C'est lui qui porte la canne et le balluchon du partant jusqu'à la sortie de la ville. Là, il lance les chants et amorce les rituels de séparation entre le partant et l'assemblée. Véritable maître des cérémonies lors des fêtes compagnonniques, c'est lui qui invite les Compagnons à chanter à la fin d'un banquet. Avec sa canne enrubannée, signe distinctif de sa fonction, il a le pouvoir d'imposer le silence à l'assemblée en frappant trois fois le sol avec le bout ferré. Il occupe parfois les fonctions de secrétaire lorsque cette tâche n'est pas confiée à un autre Compagnon.

Premier Compagnon, un honneur et un devoir

Outre la Mère et le rouleur, il convient de souligner le rôle particulier du «Premier Compagnon», véritable président de la société. C'est lui qui dirige et anime la vie communautaire. C'est aussi et surtout le représentant officiel des Compagnons auprès des pouvoirs publics. La charge de Premier Compagnon est un honneur pour celui qui est élu à ce poste toujours attribué pour une période convenue à l'avance (de six mois à trois ans, en règle générale). Chez les Compagnons Menuisiers et Serruriers du Devoir de Liberté, le Premier Compagnon reçoit une couleur spéciale dite «écharpe de dignitaire». Richement brodée et décorée, cette écharpe témoigne de l'importance symbolique de cette fonction. Le Premier Compagnon préside les réunions et les cérémonies compagnonniques. Dans certains métiers de certains rites, le terme de «Premier en Ville» ou de «Capitaine» est parfois utilisé en lieu et place de Premier Compagnon.

Le Compagnon parcourant la France à pied ne porte que très rarement ses couleurs à sa veste ou autour du chapeau. En dehors des cérémonies comme les conduites en règle où le port des couleurs est obligatoire, le Compagnon préfère protéger ses couleurs en les glissant dans un étui cylindrique (ci-dessous) afin de ne pas les exposer aux assauts des intempéries car le vent, la pluie et le froid sont autant de menaces pour ces rubans de soie très fragiles. En n'exhibant pas ses couleurs, le Compagnon itinérant évite également d'afficher trop ostensiblement son appartenance à un Devoir particulier, gage d'un voyage anonyme plus calme à un moment où le Tour de France devient un champ de bataille entre Compagnonnages adverses.

Cette couleur fut remise à Auguste Gouttes (1839-1902), dit Carcassonne la Palme des Beaux-Arts, en témoignage de sa fonction de Premier Compagnon exercée dans la ville de Chalon-sur-Saône de la Noël à la Sainte-Anne (fête des menuisiers) en 1859. Chez les Gavots, cette charge n'était confiée que pour une période de sept mois à l'issue de laquelle la société se dotait d'un nouveau responsable. Les lettres CMDDDL qui entourent l'équerre et le compas entrelacés sont les initiales de Compagnon Menuisier Du Devoir de Liberté.

"Le chef de la société est nommé Premier Compagnon. La société change de chef deux fois par an ; tous les Compagnons, tous les affiliés concourent à l'élection ; le vote est par bulletin. Le candidat qui obtient la majorité des suffrages est proclamé Premier Compagnon [...]. Il accueille les arrivants, dispose du rouleur à son gré, il fait embaucher, lever les acquits ; il convoque les assemblées. Mais il a des devoirs à remplir et a besoin de marcher droit pour n'être pas révoqué."

Agricol Perdiguier, *Livre du Compagnonnage*, 1839

La Mère, la cayenne et la chambre

Avant de devenir les sièges modernes, confortables et fonctionnels que nous connaissons aujourd'hui, les relais compagnonniques furent d'abord et longtemps de simples auberges. A l'image du titre donné à la femme qui en a la charge, l'auberge devenue maison compagnonnique est également baptisée «Mère». Ainsi, «aller chez la Mère» signifie «se rendre au siège». Il en est de même pour la cayenne ou la chambre (le mot varie en fonction des métiers et des rites), qui désigne d'une part l'assemblée

Siège des Compagnons Tonneliers et Cordonniers du Devoir de Tours, cette Mère, à l'image des autres en France, arbore inscriptions et symboles propres à son rite.

compagnonnique réunie solennellement mais également le siège lui même. Rituellement on dit des Compagnons lorsqu'ils se réunissent qu'ils «montent en chambre» ou qu'ils «descendent en cayenne».

Le passeport compagnonnique

Différents noms variant en fonction des sociétés compagnonniques servent à désigner un document manuscrit, véritable passeport qui suit et identifie le Compagnon durant toute sa vie : «cheval», «navire», «bateau», «mouton», «trait-carré», «égard», «lettre de course», «arriat»... Délivré au moment de son adoption, l'aspirant doit le remettre aux responsables de sa société lors de chaque étape de son Tour de France. Diverses signatures, cachets et autres formules rituelles attestent du passage dans une ville. Ce manuscrit est plié en forme de carré. En règle générale, il est brûlé le jour de la mort du Compagnon, cependant de nombreux exemplaires conservés en archives ou en musées attestent du côté non systématique de cette coutume.

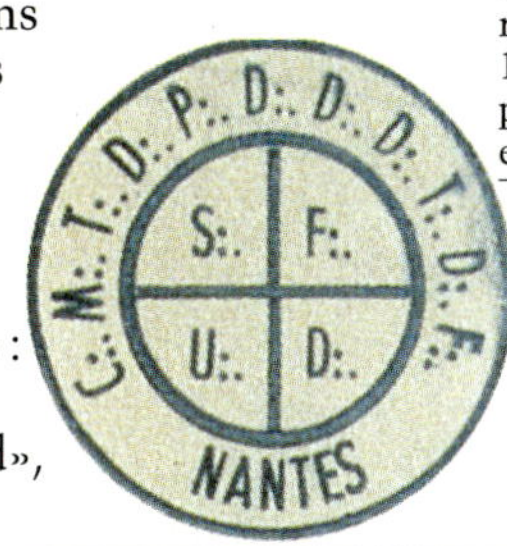

Sur la route

Le Tour de France à pied, appelé «trimard» ou «brillant», est prétexte à tout un folklore de route. Outre

Parchemin ou simple papier à lettres, le carré du Compagnon comporte systématiquement les tampons et les cachets des villes traversées. Chaque société possède ses propres sceaux. Le document ci-dessous atteste que Carcassonne le Résolu, reçu Compagnon en 1895, est effectivement passé à Lyon, Bordeaux et Avignon.

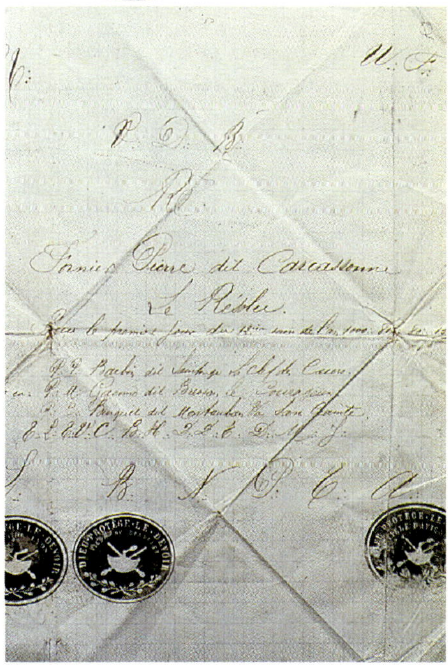

les fameuses conduites, ce sont surtout les rencontres sur le chemin qui peuvent dégénérer lorsque les Compagnons qui se croisent n'appartiennent pas au même Devoir. C'est d'abord le moment du «topage», série de questions et de réponses rituelles destinées à vérifier l'identité compagnonnique de l'ouvrier rencontré. Les Compagnons sont-ils du même Devoir ? C'est alors l'instant des accolades fraternelles et des échanges de gourdes en signe d'amitié. Les rites sont-ils adverses ? Injures et moqueries se transforment rapidement en une rixe parfois sanglante. Ce fut tout l'honneur de Perdiguier que de condamner ce genre de pratique indigne du Compagnonnage.

Adoption, réception et finition

Après plusieurs mois vécus au sein de l'assemblée compagnonnique, le jeune ouvrier est invité à tailler une pièce en vue de son

En règle générale, pour des raisons de sécurité, le Compagnon ne voyage jamais seul. Il est ainsi fréquent de voir se former des groupes de deux ou trois Compagnons pour prendre la route.

La «guilbrette», cérémonie rituelle entre deux Compagnons du même Devoir, est aussi et surtout un moment fort de fraternité, ponctué par l'accolade, durant laquelle peuvent être échangés mots et signes de reconnaissance. A l'image des Gavots, certaines sociétés ont longtemps refusé topages et guilbrettes.

adoption. Cette maquette est destinée à prouver aux yeux des Compagnons l'attachement porté au métier par un jeune qui est encore loin de maîtriser toutes les difficultés de son art. La cérémonie d'adoption confère le titre d'«aspirant» au jeune itinérant qui peut ainsi poursuivre son Tour de France. Cette cérémonie est un premier contact privilégié avec le symbolisme et le rituel compagnonniques. Ce n'est que bien plus tard, après des années passées sur le Tour de France, que l'aspirant est invité à préparer son chef-d'œuvre de réception, travail beaucoup plus difficile dont le but est de montrer l'expérience acquise grâce à la formation compagnonnique. Une fois la critique du chef-d'œuvre terminée, après avoir écouté les réponses du candidat aux questions posées par les Compagnons, l'assemblée procède enfin à la cérémonie de réception qui transforme l'aspirant en Compagnon du Tour de France. Cette soirée restera toujours gravée dans la mémoire du nouveau reçu.

La «finition» est une autre étape proposée dans le cheminement de l'homme de métier. Dans le Compagnonnage du Devoir si le Compagnon reçu est celui «dont la connaissance est ouverte au métier» on dit également du Compagnon fini que «sa connaissance est ouverte à l'homme», preuve d'un certain état d'esprit qu'entend développer le Compagnonnage auprès de ses membres.

Un Devoir de Fraternité

La mobilité va de pair avec la solidarité. La force du Compagnonnage réside dans cet axiome qui veut que la communauté compagnonnique n'abandonne jamais un de ses

"Il faut sept années d'apprentissage et de perfectionnement pour qu'un Compagnon puise aborder le chef-d'œuvre. Qu'on laisse donc le terme à ceux qui ont beaucoup travaillé pour y arriver. C'est une bonne méthode que d'appeler les choses par leur nom."

Jean Bernard dit La Fidélité d'Argenteuil

GLOIRE ET HONNEUR AUX COMPAGNONS CHARRONS DU DEVOIR
MANCEAU LA PRIDENCE COMPAGNON CHARRON DU SAINT DEVOIR DE DIEII
ET DE SAINTE CATHERINE REÇU A LYON L'AN 1845 POUR LA STE CATHERINE.

Dessins à la plume, aquarelles, lithographies, tableaux signés Lemoine, Leclair, Besnard, Leroux, autant d'images-souvenirs prisées par les Compagnons tout au long du XIXe siècle. Avec les charpentiers et les couvreurs, les charrons (ci-contre) sont de grands amateurs de ce genre de tableaux qui consacrent aux yeux de tous l'appartenance au Compagnonnage. Figurent en bonne place, outre le Compagnon en tenue solennelle, les outils emblématiques du métier (ici la roue des charrons), ainsi que le saint-protecteur de la corporation (ici sainte Catherine). Le Temple de Jérusalem avec ses colonnes, quelques scènes légendaires sont régulièrement sollicités pour situer le Compagnon dans un décor où la symbolique est très présente. Dans la partie inférieure de l'image figurent le nom du Compagnon, son métier, la ville et la date de sa réception. Si l'image de droite est très classique, celle de gauche propose une juxtaposition entre la conduite du partant (en haut) et un décor très allégorique (partie inférieure) où la légende de la Sainte-Baume occupe une place privilégiée.

frères. A une époque où nombre de Compagnons sont emprisonnés pour fait de grève ou de rixe, chaque société compagnonnique a pour devoir de veiller aux affaires du condamné. Chaque jour, ce dernier reçoit une visite. Est-il malade ou hospitalisé ? Le même système de visite journalière est rapidement mis en place afin de montrer à celui qui est dans le besoin ou dans la peine qu'il appartient à une famille soucieuse des intérêts ou de l'état de santé de ses enfants.

Le tronc commun de solidarité, appelé la «boîte», le «sabot», la «caisse de secours»..., alimenté par de nombreuses amendes prévues par les règlements, permet de subvenir aux besoins des plus nécessiteux à une époque où tout système relatif aux retraites ou aux accidents du travail n'en est qu'à un état embryonnaire. Si un membre de la société, indigne du titre de Compagnon, ose s'emparer du sabot de bienfaisance, il est alors appelé «saboteur», titre peu enviable très proche de celui de brûleur, synonyme de sérieux ennuis en cas de capture du renégat.

La fonction utilitaire et symbolique des pratiques rituelles

C'est au XIXe siècle que l'on peut saisir pleinement la double vocation des cérémonies et du symbolisme compagnonniques. La réception du Compagnon, moment privilégié dans la vie de l'ouvrier itinérant,

La malle à outils fait partie du patrimoine cher à tout Compagnon. Dans certaines sociétés, elle est même sacralisée en devenant le coffre dans lequel on range les objets symboliques utilisés au moment de la réception du nouveau membre. Plus rarement, elle se transforme en caisse de solidarité pour accueillir les nombreuses amendes qui alimentent un fonds régulièrement sollicité. Progressivement, coffre rituel et caisse de secours deviennent des objets bien distincts de la malle à outils qui retrouve sa fonction première : assurer le transport des outils durant le Tour de France.

Le XIXe siècle voit fleurir plusieurs lithographies qui vantent les vertus de la fraternité et de la solidarité compagnonniques. Très chargées en symboles et en allusions relatives aux légendes, ces lithographies sont généralement achetées par les Compagnons à l'issue de leur périple, ce qui explique le titre de «Souvenir de mon Tour de France» attribué presque toujours à ce genre d'image fort prisée en son temps.

a pour mission première d'incorporer un jeune garçon au sein d'une assemblée qui souhaite se distinguer d'un monde qualifié de profane, par des cannes, des couleurs, un vocabulaire et des coutumes qui lui sont propres. Par la cérémonie même de la réception, se véhicule la transmission d'un sentiment fraternel cimenté par le serment et le secret. Mieux, ces pratiques rituelles ont pour mission d'insister sur une naissance à une vie nouvelle durant laquelle il ne faudra pas trahir son devoir d'honnête homme et de bon ouvrier. Cette nouvelle naissance se retrouve dans le nom symbolique qui est donné à tout nouveau Compagnon reçu : Périgord Cœur Loyal, Carcassonne la Palme des Beaux-Arts, Avignonnais la Vertu, Lyonnais l'Ami du Travail, la Fidélité de Chartres, la Patience d'Angers...

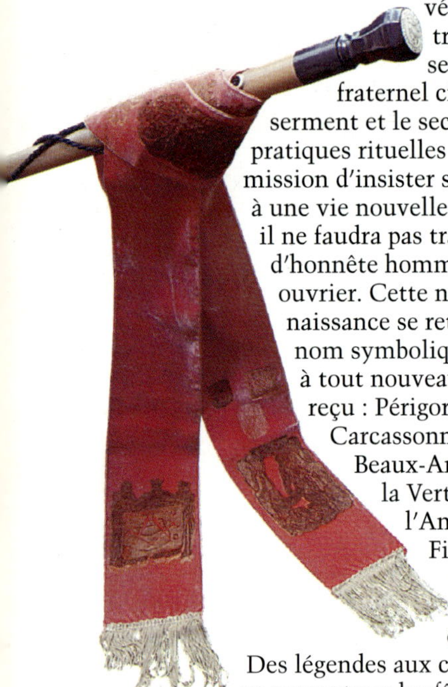

Des légendes aux conduites, en passant par les fêtes patronales et les signes ou mots de reconnaissance, tout est fait, en ce XIXe siècle, pour cultiver et entretenir l'identité d'un groupe qui a su se trouver un espace privilégié dans la société française.

La fraternité se retrouve même dans le vocabulaire et la gestuelle. Ainsi, un jeune qui devient aspirant est dit adopté, l'accolade vient ponctuer la rencontre de deux frères en Devoir. La règle en usage dans toutes les sociétés compagnonniques renforce ce sentiment d'appartenir à une communauté qui se veut au service des autres. Politesse, correction, rectitude

Depuis les premiers temps, couleurs et cannes – longtemps d'une très grande diversité en fonction des métiers, des rites et même des villes – se sont sans cesse modifiées pour atteindre l'aspect et la forme que nous leur connaissons aujourd'hui (ci-contre). Le XIXe siècle fut le plus riche en couleurs, tant chaque corps tenait à se distinguer des autres. Les vignettes ci-dessous, extraites d'un tableau du Compagnonnage de Perdiguier, représentent un Compagnon Teinturier (les seuls à porter un tablier symbolique), un Cloutier (la coiffure était un véritable signe distinctif) et un «loup-garou», surnom attribué aux Tailleurs de pierre du Devoir.

dans le travail et dans le comportement, loyauté, courage… autant de rappels formulés pour un public de jeunes ouvriers en quête d'un projet de vie.

Un Compagnonnage qui perd ses repères ancestraux

L'avènement de la révolution industrielle entraîne cependant le déclin rapide de l'institution compagnonnique. En quelques années, le Compagnonnage perd la quasi-totalité des repères

La photographie ci-dessus fut prise le 8 juillet 1870 au retour d'un pèlerinage à la Sainte-Baume. Avec fierté, ces Compagnons Charpentiers du Devoir exhibent pour la circonstance leurs couleurs bien étalées sur leurs poitrines. Leurs cannes sont enrubannées alors que généralement seule celle du rouleur est ainsi décorée. Preuve de la dimension que ce pèlerinage revêt aux yeux des Devoirants. Cette même fierté du devoir accompli habite également la Mère, Mme Lagarde, décorée de ses couleurs, qui, elle aussi, a effectué l'ascension vers la Sainte-Baume.

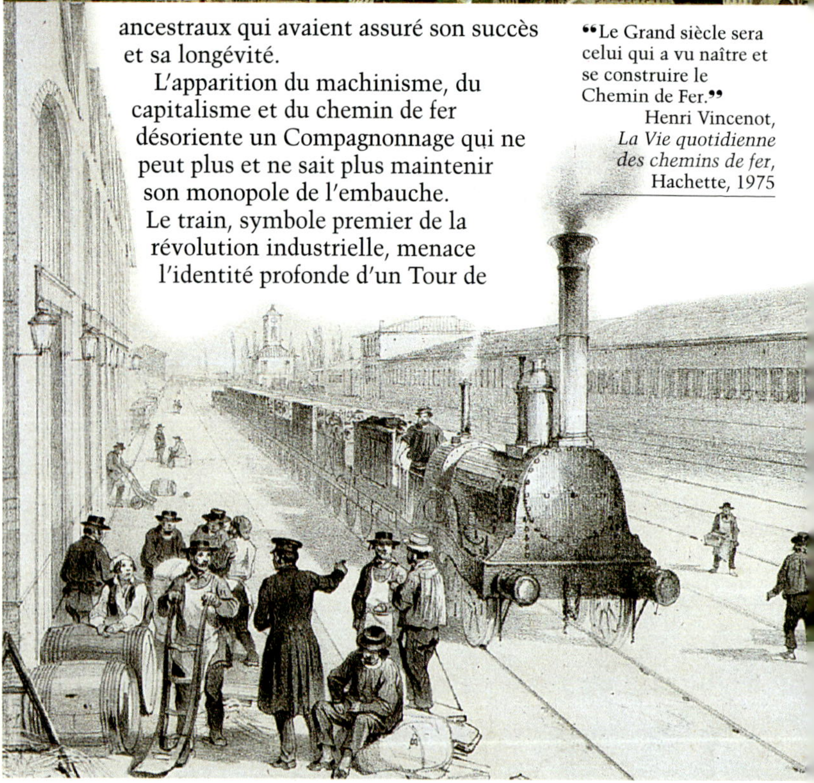

ancestraux qui avaient assuré son succès et sa longévité.

L'apparition du machinisme, du capitalisme et du chemin de fer désoriente un Compagnonnage qui ne peut plus et ne sait plus maintenir son monopole de l'embauche. Le train, symbole premier de la révolution industrielle, menace l'identité profonde d'un Tour de

“Le Grand siècle sera celui qui a vu naître et se construire le Chemin de Fer.”

Henri Vincenot, *La Vie quotidienne des chemins de fer*, Hachette, 1975

France à pied. Les machines annoncent la fin des tours de main et des secrets de métier. Le capitalisme naissant multiplie les usines au détriment de l'atelier artisanal, lieu privilégié du savoir et du pouvoir compagnonniques. L'exploitation des femmes et des enfants contribuent à brouiller davantage un paysage que le Compagnonnage a du mal à apprécier. La seconde révolution industrielle, avec la fée électricité, rencontre un Compagnonnage français en phase de déclin et de crise profonde.

Les expositions universelles de l'époque vantent les mérites d'une société qui a soif de modernisme. Les Compagnons du Tour de France, jugés rapidement comme anachroniques et dépassés, cèdent alors la place aux syndicats naissants, seuls capables de prendre en compte la défense d'un monde ouvrier que ne peut plus encadrer le Compagnonnage. Pour la première fois de sa longue existence, celui-ci est dans l'impossibilité de pouvoir apporter des réponses à une jeunesse ouvrière qui s'apprête à l'ignorer pour quelque temps. Les syndicats exploitent fort habilement l'image d'un Compagnonnage français présenté comme anachronique et folklorique, véhiculant des rites et des coutumes d'un autre temps, ne répondant plus aux attentes

Malgré le déclin du Compagnonnage pendant la révolution industrielle, quelques métiers tirent bénéfice des grands travaux urbains de la capitale et d'autres villes de province.
Les expositions universelles, comme celle de 1878 (ci-dessus), mettent toutefois en valeur un glissement industriel important du bâtiment vers la métallurgie, symbole majeur, avec le train, d'un nouveau progrès. Pour animer ce dernier apparaissent alors en grand nombre des ouvriers d'un art très moderne, la sidérurgie, dans lequel le Compagnonnage n'est pas implanté. Les vieux Devoirs éprouvant les pires difficultés face à un monde ouvrier en pleine mutation, c'est l'Internationale qui s'apprête à fournir de nouvelles réponses.

du monde ouvrier et aux exigences d'une nouvelle société qui se dessine.

Le défi de la tour Eiffel

Si la révolution industrielle entraîne un déclin incontestable de l'institution compagnonnique dans sa globalité, il convient cependant de nuancer le tableau dans la mesure où certains corps de métier relèvent avec succès le défi de la modernité. En ce sens, l'exemple des Compagnons Charpentiers est significatif d'un Compagnonnage toujours soucieux d'adaptation aux nouvelles techniques et lois du monde du travail.

Ainsi, en cette fin de siècle, la tour de Gustave Eiffel est levée par une quarantaine de Compagnons Charpentiers (Indiens et Soubise) qui assurent à eux seuls le succès et la gloire d'un projet fort controversé à ses débuts. Rassemblés sous l'autorité du chef levageur Eugène Milon, dit Guépin le Soutien de Salomon (1859-1917), ces Compagnons Charpentiers acceptent de relever le pari lancé par Eiffel à tous

Pour monter la tour à trois cents mètres, il faut d'abord l'enfoncer dans le sol. Le chantier commence donc par l'établissement des fondations. Maçons et tailleurs de pierre s'appuient sur une couche de gravier compact, située sept mètres en contrebas. Des échafaudages en bois supportent les quatre arêtes et le premier étage avant la liaison complète des quatre piliers. La tour est assemblée avec des rivets dont un tiers est posé sur le site dans des conditions acrobatiques qui n'effraient guère les charpentiers, habitués à ce genre de voltige.

ses détracteurs. Du 26 janvier 1887 au 31 mars 1889, le Compagnonnage de la Charpenterie lève un des monuments les plus visités du monde et signe une des plus belles pages de son histoire déjà glorieuse. Les Compagnons manifestent ainsi de la plus noble des manières leur formidable capacité d'adaptation, gage d'un avenir plus souriant pour un Compagnonnage en pleine tourmente.

Flèche de cathédrale en acier, la tour Eiffel indique désormais le chemin à suivre en invitant les sociétés compagnonniques à associer deux mots qui, pour le Compagnonnage contemporain, constituent l'identité profonde de leur institution : tradition et modernité.

Condamné à une mort annoncée comme certaine en 1901, le Compagnonnage a su cependant traverser le siècle pour retrouver, en dépit de périodes de crises d'identité, une place privilégiée dans l'espace de la formation professionnelle. Défendant toujours une conception originale de l'apprentissage et de l'approfondissement d'un métier, les diverses familles compagnonniques attendent avec sérénité l'aube du troisième millénaire.

CHAPITRE V

LE TEMPS DE LA RÉNOVATION

De la réalisation d'une simple enseigne (à droite) à la restauration de l'archange du Mont-Saint-Michel (à gauche), le Compagnonnage offre toujours le même gage de qualité et de sérieux.

Le constat de Martin Saint-Léon

En 1901, dans son ouvrage *Le Compagnonnage, son histoire, ses coutumes, ses règlements et ses rites*, l'historien Etienne Martin Saint-Léon annonce la disparition rapide du Compagnonnage, souhaitant aux syndicats naissants la même longévité et le même rayonnement

dans la défense des intérêts du monde ouvrier.

Force est de constater qu'en ce début de siècle, le Compagnonnage français est au plus bas. L'appel de Perdiguier n'a guère été entendu ; le monde compagnonnique, quoique plus pacifique, se présente toujours aussi divisé mais avec des effectifs qui n'ont plus rien de commun avec ceux de l'âge d'or que fut le début du XIXe siècle.

Hormis quelques exceptions comme le charpentier Robin ou le maréchal-ferrant Boyer, les Compagnons, dans leur grande majorité, ne souhaitent pas occuper des postes de haute responsabilité au sein des premiers syndicats ouvriers.

L'hécatombe de la Grande Guerre

La jeunesse, force vive du Compagnonnage, va payer un lourd tribut à une Première Guerre mondiale dévoreuse d'hommes. Déjà affaibli et désorienté, le Compagnonnage ressort décimé de cette épreuve. On estime alors à deux mille membres seulement les effectifs compagnonniques, tous rites confondus ; ils se chiffraient par dizaines de milliers au début du XIXe siècle ! Nombreux sont les métiers désormais incapables de proposer un Tour de France. On ne compte plus les cayennes et les chambres qui ont cessé toute activité. L'âge d'or du Compagnonnage

« Au grand moment du syndicalisme, peu d'ouvriers restaient fidèles au Compagnonnage. La désaffection fut si grande qu'il n'y eut même pas de lutte, sauf, entre 1900 et 1910, quand la CGT naissante [...] publia sur les Charpentiers du Devoir deux opuscules tendant à discréditer leur société dans l'opinion ouvrière. »
La Fidélité d'Argenteuil

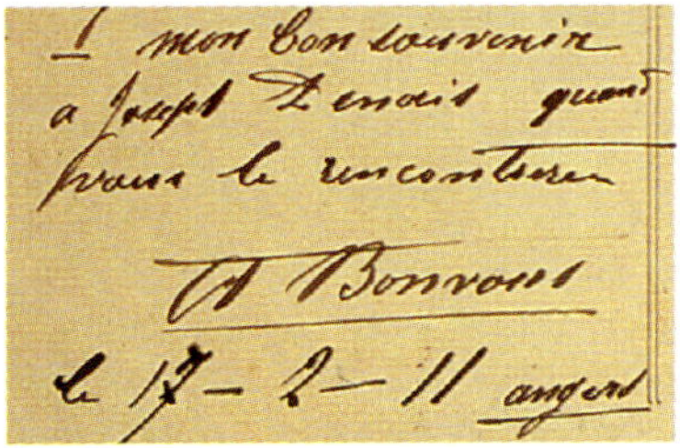

appartient désormais au passé, le temps est au doute et au pessimisme quant au devenir de l'institution. Quelques rares voix osent cependant entretenir l'espoir. C'est le cas d'Auguste Bonvous, dit Angevin la Fidélité le Soutien du Devoir, Compagnon Passant Couvreur du Devoir (1869-1936), qui, après avoir créé une revue et une structure d'entraide pour les Compagnons soldats, ne cesse d'inviter ses frères à une refonte totale du Compagnonnage. Déjà, en 1902, il avait proposé dans son *Étude sociale sur les corporations compagnonniques*, une transformation profonde du Tour de France, souhaitant la mise en valeur d'une certaine conception de l'apprentissage propre au Compagnonnage afin de mieux se positionner face à un syndicalisme triomphant. Idée fort novatrice pour l'époque, Auguste Bonvous invite fermement les Compagnons à constituer des sièges compagnonniques ouverts à tous les corps d'état, prônant ainsi la fin des auberges

En 1908, Auguste Bonvous crée le Groupe fraternel des Compagnons du Devoir du Tour de France sous les drapeaux afin de venir en aide aux Compagnons effectuant leur service militaire. En pleine guerre, le Groupe fraternel prend en charge moralement et financièrement tous les Compagnons du Devoir envoyés sur le front (ci-dessous).

propres à chaque métier : «Le Compagnonnage a produit assez de chefs-d'œuvre dans le passé, le temps est venu de former des chefs-d'œuvre de fraternité dans une gestion d'économie. Il doit s'ensuivre que tous les corps de métier relevant de Maître Jacques et du père Soubise doivent travailler de concert, à pourvoir nos sociétés de capitaux qui leur manquent pour faire face à leurs activités et nécessités de notre époque.»

Malheureusement pour Angevin la Fidélité le Soutien du Devoir, son manifeste porte en lui les raisons de son échec ; ne pouvant rassembler tous les rites du Compagnonnage français, l'appel de Bonvous ne peut rénover les structures et les mentalités ; il eut néanmoins l'immense mérite de les remettre en cause.

"Dans des villes comme Orléans, où les groupes de Compagnons faisaient partie chaque année du défilé en l'honneur de Jeanne d'Arc, leurs bannières, les flots de leurs rubans, leur pittoresque et sympathique présence témoignaient de leur fidèle continuité, de leur volonté de maintenir leurs traditions, comme des fidèles qui ne renonçaient pas à leur foi."

Emile Coornaert, *Les Compagnonnages en France*, 1966

Les sociétés protectrices des apprentis

Prônées par Denis Poulot dans son livre *Le Sublime*, les Sociétés

protectrices d'apprentis (SPA) naissent sous l'impulsion de nombreuses municipalités dès la fin du XIXe siècle. Nantes, Angers et Tours sont les premières villes à initier ce genre de structure destinée à donner une première formation à une jeunesse ouvrière en quête d'un encadrement de qualité. Nombreux sont les Compagnons (de tous les rites) sollicités pour enseigner à des centaines de jeunes apprentis désireux de suivre des cours de menuiserie, charpenterie, couverture, chaudronnerie, plâtrerie, serrurerie, taille de pierre... Ces SPA deviennent ainsi le seul lieu où coexistent des Compagnons de Salomon, Jacques et Soubise, lesquels, oubliant leurs différences, se voient offrir

RESTAURANT DE L'UNION
COMPAGNONNIQUE
11, Rue du Faubourg Saint-Michel, 11
— ANGERS —
16/7bre 19..
Charbonnier Ch.
Monsieur

cette dernière chance d'intervenir auprès de jeunes susceptibles de partir ensuite sur le Tour de France. Sans l'existence de ces SPA, le Compagnonnage n'aurait certainement pas résisté à la saignée de la Grande Guerre.

La guerre des Devoirs

En ce début de XXe siècle, le Compagnonnage est donc toujours divisé. Depuis 1889, une Union compagnonnique des Compagnons du Tour de France des Devoirs unis est venue révolutionner le paysage compagnonnique. Ce mouvement, qui souhaite reprendre à son compte

A côté des Sociétés protectrices d'apprentis (SPA), quelques Compagnons, à l'image du charpentier Guillon à Romanèche-Thorins (diplôme ci-dessus), tentent de maintenir un enseignement de très haut niveau auprès d'une jeunesse attirée par le sérieux et la qualité des cours

A un moment de son histoire où le Compagnonnage se trouve confronté à sa plus grande crise, les restaurants (ci-contre), relais compagnonniques par excellence, constituent un des rares endroits où les Compagnons isolés peuvent se retrouver pour discuter de l'avenir de leur institution. Ils apparaissent ainsi comme les derniers lieux, avec les SPA, où se diffusent les informations relatives au Tour de France.

certaines idées de Perdiguier, tente, sous la conduite de son président fondateur Lucien Blanc, Compagnon Bourrelier Harnacheur du Devoir, dit Provençal le Résolu (1823-1909), de regrouper dans une même famille les Compagnons des trois rites. Dénonçant les distinctions et autres préséances entre les métiers, l'Union adopte dès le départ un même rituel de réception pour tous les corps. Charpentiers, tailleurs de pierre, menuisiers, cordonniers, maçons, maréchaux-ferrants..., tous portent désormais une même couleur symbolique rouge et peuvent se côtoyer lors des cérémonies de réception des nouveaux membres ; les traditions et autres particularités propres à chaque métier sont abolies, l'Union souhaitant rassembler le peuple compagnonnique au sein d'une grande famille qui se veut très ouverte. Ainsi, de nombreux métiers, jusqu'alors refoulés du Compagnonnage, sont acceptés très rapidement : les bijoutiers, les potiers, les dinandiers, les coiffeurs, les confiseurs, les charcutiers sont admis à l'Union ; les cuisiniers deviennent le symbole majeur d'une conception particulière d'un Compagnonnage qui se veut moderne. Le succès est là : les adhésions se font croissantes, le Tour de France semble reprendre une timide activité. Mais les orientations trop novatrices de l'Union lui valent progressivement de sérieuses critiques. Les Devoirs de Soubise et de Jacques se montrent de plus en plus sévères vis-à-vis d'une jeune Union qui prend beaucoup de liberté à l'égard de l'identité

Les Compagnons Cuisiniers de l'Union compagnonnique ont acquis une réputation de qualité et de savoir-faire qui dépasse largement nos frontières.

compagnonnique traditionnelle. On reproche alors à Lucien Blanc ses liens trop étroits avec la franc-maçonnerie; l'admission de nouvelles professions irrite de plus en plus, mais le point de rupture est définitivement atteint avec cette réception commune à tous les métiers, particularité que ne peuvent admettre les Compagnons restés fidèles au Devoir.

Au début du siècle, l'Union accepta quelques rares coiffeurs-posticheurs-perruquiers, la fabrication des perruques étant un travail manuel.

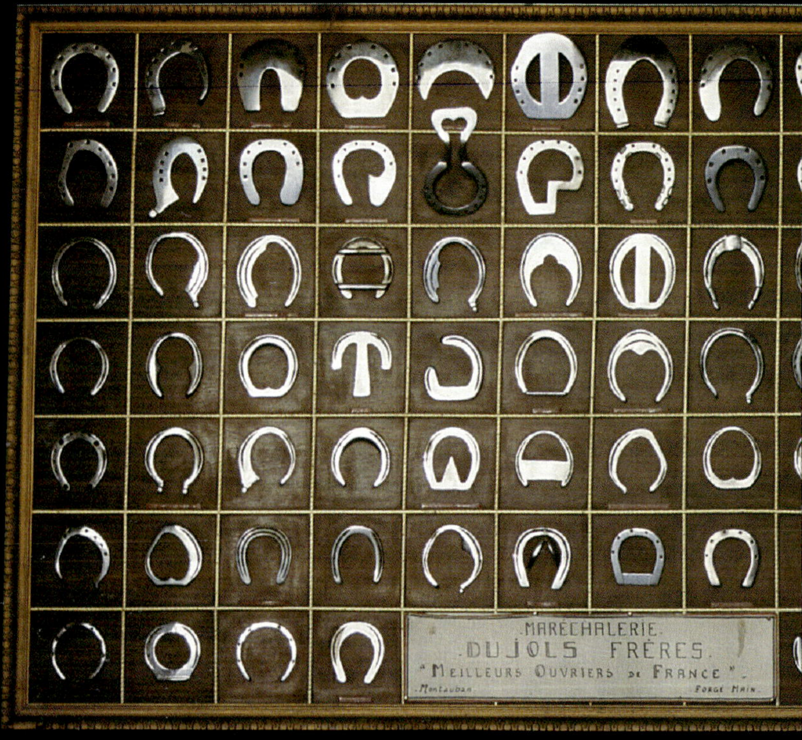

.MARÉCHALERIE.
.DUJOLS FRÈRES.
"MEILLEURS OUVRIERS DE FRANCE".
.Montauban.
FORGÉ MAIN.

De fer ...

Compagnons Serruriers et Maréchaux-Ferrants figurent parmi les corps compagnonniques les plus anciens dans les métiers du fer. Placés sous l'autorité de saint Pierre ou de saint Eloi, on leur doit de splendides chefs-d'œuvre qui font désormais le bonheur de nombreux musées de province. Serrures particulièrement complexes, clefs finement ciselées et décorées, superbes heurtoirs de portes, bouquets ou tableaux de fer illustrant le savoir-faire acquis pendant le Tour de France... autant de créations, mémoire d'un passé pas si lointain.

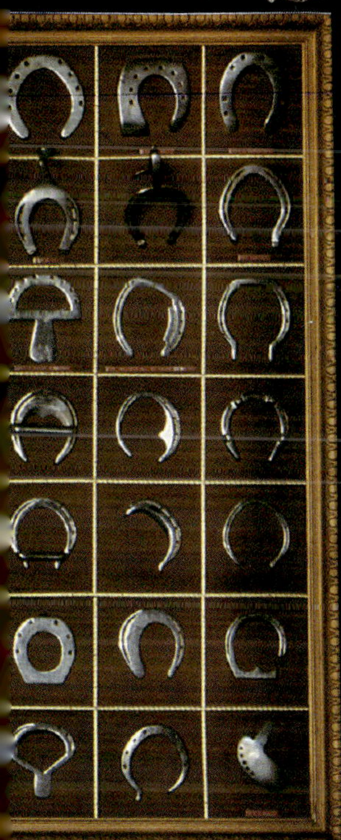

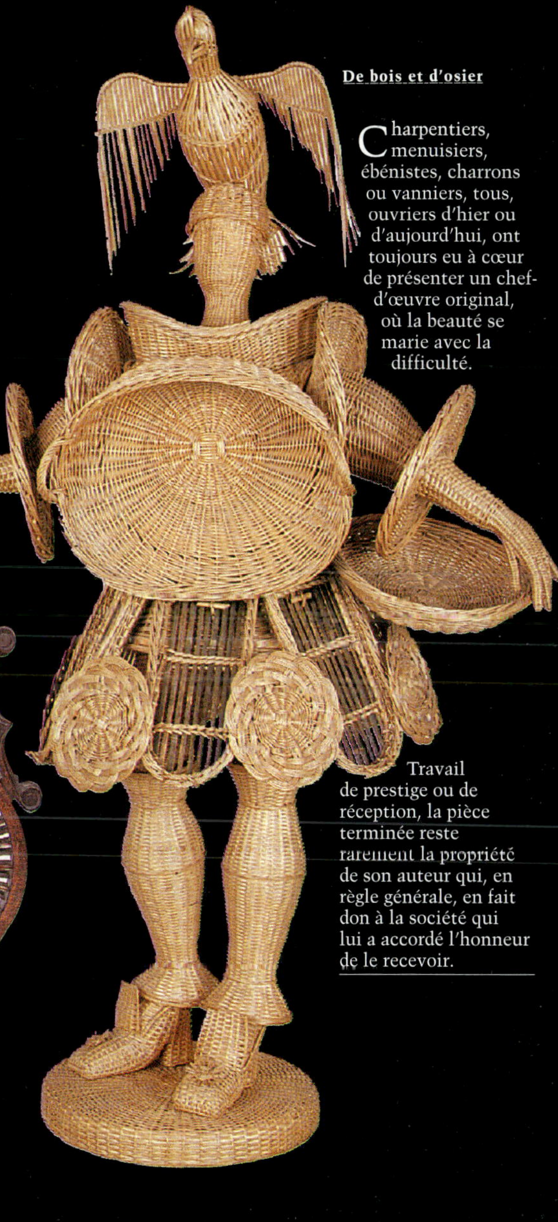

De bois et d'osier

Charpentiers, menuisiers, ébénistes, charrons ou vanniers, tous, ouvriers d'hier ou d'aujourd'hui, ont toujours eu à cœur de présenter un chef-d'œuvre original, où la beauté se marie avec la difficulté.

Travail de prestige ou de réception, la pièce terminée reste rarement la propriété de son auteur qui, en règle générale, en fait don à la société qui lui a accordé l'honneur de le recevoir.

Le Devoir de Liberté (rite de Salomon), jusqu'à présent dans l'expectative, se met également en marge de l'Union compagnonnique, préférant cultiver son autonomie et son indépendance.

Le temps des fédérations

Dès 1910, une Fédération intercompagnonnique de la Seine (FIS), sous l'impulsion de personnalités comme Abel Boyer (1882-1959), Compagnon Maréchal du Devoir, dit Périgord Cœur Loyal, tente d'animer un renouveau du Compagnonnage sans toutefois établir des relations directes avec l'Union compagnonnique des Devoirs unis, jugée trop novatrice. La FIS, création de Devoirants, ouvre progressivement ses portes au Devoir de Liberté. Le 14 décembre 1919, elle organise de véritables états généraux du Compagnonnage conviant, chose impensable quelques mois plus tôt, l'Union compagnonnique des Devoirs unis afin de réunir toutes les sensibilités compagnonnales avec pour seul et unique objectif le sauvetage d'un Compagnonnage français bien mal en point.

L'idée de créer une Fédération générale du Compagnonnage (FGC) apparaît rapidement comme la seule solution capable de redynamiser une institution en perte d'audience et de crédibilité. Mais, les rapports tendus entre l'Union compagnonnique et les autres sociétés

Abel Boyer est l'exemple même de ces Compagnons qui, au début du siècle, tentent de concilier la montée en puissance du phénomène syndical avec la survivance du Compagnonnage. Homme ouvert et de dialogue, il sait surmonter les écueils des divisions entre rites allant même jusqu'à obtenir la confiance du Devoir de Liberté (ci-contre, chef-d'œuvre des Indiens, rue Mabillon à Paris). Outre la création de la Fédération intercompagnonnique de la Seine dans laquelle il eut un rôle essentiel, on lui doit également la publication d'une encyclopédie illustrée du Compagnonnage, *Les Muses du Tour de France* de 1925 à 1926.

font avorter définitivement tout espoir d'une fédération unique. En janvier 1933, une Confédération Salomon, Jacques, Soubise (CSJS) est officiellement créée afin de contrer l'influence de l'Union compagnonnique des Devoirs unis qui, entre-temps, a pris le contrôle de la FGC. Le temps des querelles est revenu.

En 1938, subsistent dans plusieurs corps compagnonniques des cérémonies traditionnelles comme celle-ci dite «du roulement», en usage chez les Compagnons Tonneliers lors de la réception d'un nouveau membre.

Le Compagnonnage sous Vichy

Après la défaite de juin 1940, le Compagnonnage, qui était déjà dans une position précaire, est très vite confronté à de nouveaux problèmes. Le régime de Vichy, avec ses lois du 13 août 1940 relatives aux sociétés secrètes, s'apprête à interdire le Compagnonnage, assimilant ce dernier à une sorte de franc-maçonnerie ouvrière. Des symboles (équerre et compas, trois points...), des légendes, des rites, des cérémonies internes, un certain secret sont alors reprochés à un Compagnonnage mal connu donc mal perçu. Un jeune Compagnon Tailleur de pierre du Devoir, Jean Bernard, dit la Fidélité d'Argenteuil, grâce aux relations de son père (le sculpteur Joseph Bernard), obtient, par la personne du docteur Ménétrel, une audience auprès du maréchal Pétain le 8 octobre 1940. Plaidant la cause du Compagnonnage, il obtient du chef de l'Etat français la levée d'une éventuelle interdiction. La Fidélité d'Argenteuil est même autorisé à entreprendre une action visant à rassembler les Compagnons au sein d'une Association ouvrière des Compagnons du Devoir du Tour de France. Des réunions officielles ou clandestines ont alors lieu dans plusieurs grandes villes de la France non

Les nombreuses expositions du travail organisées sous le régime de Vichy accueillent des stands où les Compagnons du Tour de France sacrifient au contexte politique de l'époque, ici la francisque.

La propagande vichyste sollicite régulièrement des symboles afin de désigner ses principaux ennemis. Sur cette affiche, l'équerre et le compas entrelacés, symbole majeur du Compagnonnage, font uniquement référence à la Franc-Maçonnerie qui utilise également cette symbolique. Le désir de nombreux Compagnons de se différencier d'une société qualifiée de «secrète» est à la base même de la démarche de Jean Bernard et de ses amis (ci-dessous).

occupée (Lyon, Saint-Etienne, Limoges, Périgueux, Toulouse, Albi, Béziers, Montpellier, Nîmes, Avignon et Marseille). Des réunions sont également organisées, parfois clandestinement, de l'autre côté de la ligne de démarcation (Bordeaux, La Rochelle, Nantes, Angers, Tours, Blois, Orléans, Paris, Troyes et Angoulême). Jean Bernard tente alors de convaincre les Compagnons de l'opportunité de son initiative. Une commission de Compagnons et de personnalités extérieures nommées par le maréchal Pétain est chargée de rédiger les statuts provisoires du Compagnonnage français ; les premières assemblées

constitutives ont lieu à Lyon et à Vichy. Le 1er mai 1941, à Commentry, en présence de deux cents Compagnons de divers rites, le chef de l'Etat français remet à Jean Bernard la charte provisoire du Compagnonnage. Le 8 juillet 1941, l'Association ouvrière des Compagnons du Devoir du Tour de France est officiellement créée. Le 24 octobre 1943, la première Maison de ce nouveau Compagnonnage est inaugurée à Lyon. Ce nouveau siège est en totale rupture avec les anciennes auberges et autres relais compagnonniques. Confortable, fonctionnel et moderne, il annonce une nouvelle forme de siège, accueillant en son sein tous les corps de métiers acceptés en Compagnonnage; le projet cher à Auguste Bonvous n'est pas resté lettre morte. En ce sens Jean Bernard est l'héritier des Devoirants qui, au début du siècle, réfléchissaient à un nouvelle forme de Compagnonnage.

Le 5 octobre 1942, les premiers cours de perfectionnement sont donnés par les Compagnons du Devoir dans leur nouveau siège lyonnais. Le 30 avril 1943, l'Association ouvrière adopte ses premiers aspirants qui ont déjà passé une année à Lyon. Appelés à partir sur le Tour de France, ils deviendront plus tard les premiers Compagnons reçus grâce à la présentation d'un chef-d'œuvre (ci-dessous).

Vers une recomposition du paysage compagnonnique

Inutile de préciser combien fut complexe cette période qui vit la France de Vichy autoriser une rénovation du Compagnonnage. La Libération fut le temps des explications et, pour certains, des remises en cause. Sans être traité de collaborateur, Jean Bernard dut toutefois expliquer en détail les contacts noués avec Vichy. Il ne fut nullement inquiété par le Gouvernement provisoire de la République française qui lui accorda crédit et confiance. En revanche, Jean Bernard dut répondre à quelques Compagnons qui souhaitaient à présent en savoir plus. Après maintes hésitations, l'Union compagnonnique refusa, lors de son congrès de Montauban en

octobre 1945, d'intégrer le giron de l'Association ouvrière des Compagnons du Devoir. En novembre 1945, les Compagnons Charpentiers Soubise et Indiens se réunirent solennellement en congrès à Paris pour annoncer leur fusion historique. Désormais ces deux rites, longtemps opposés, fusionnent en une Société des Compagnons Charpentiers des Devoirs. L'euphorie de la fusion passée, se posa rapidement le problème de l'adhésion de cette nouvelle société au Compagnonnage créé par Jean Bernard.

Un Compagnonnage pluriel

L'Union compagnonnique des Devoirs unis ayant repris ses activités mises en sommeil durant la guerre, l'Association ouvrière des Compagnons du Devoir s'attache dès lors à concrétiser l'action de ses fondateurs. Les nouveaux gouvernements de la République versent et augmentent les subventions accordées initialement par le maréchal Pétain, délivrant ainsi un quitus définitif et officiel à Jean Bernard pour son action entreprise sous Vichy. Reste le cas de la Société des Compagnons Charpentiers des Devoirs. Regroupés autour des Compagnons Vergez, Pelluchon, Breton, Llabastres, Robin..., ces charpentiers refusent à leur tour d'intégrer l'Association ouvrière. Le climat s'envenime entre les deux sociétés ; quelques Compagnons Charpentiers du rite Soubise dénoncent alors la fusion de 1945, critiquant une déviation du secrétariat central des Charpentiers des Devoirs pour justifier leur ralliement au Compagnonnage du Devoir dirigé par Jean Bernard. En 1953, les Compagnons Charpentiers des Devoirs portent sur les fonts baptismaux une Fédération compagnonnique des métiers du bâtiment (FCMB), augmentant à trois le nombre de mouvements compagnonniques en France. Cette Fédération compagnonnique accueille en son sein, outre les Compagnons Charpentiers fusionnés, les Gavots du Devoir de Liberté ainsi que des maçons, tailleurs de pierre, couvreurs, plombiers, plâtriers... qui apportent ainsi une dimension plus large à ce nouveau Compagnonnage.

Sur le plan humain, le Compagnonnage du Devoir rénové par Jean Bernard distingue rapidement trois états qui ont pour vocation d'épanouir l'homme dans la relation qu'il entretient avec son métier. Ainsi,

«l'aspirant est celui dont on prépare la conscience ; le Compagnon devient l'homme dont la conscience est ouverte au métier, le Compagnon fini, l'homme dont la conscience est ouverte à l'homme». Les métiers acceptés par l'Association ouvrière des Compagnons du Devoir se répartissent en quatre familles : le bâtiment (la plus nombreuse), la métallurgie (ci-dessus), l'ameublement et le cuir, l'alimentation.

Les Compagnons Plombiers, Chaudronniers, Carrossiers ont su traverser les siècles et s'adapter aux mutations souvent profondes qui ont affecté chaque métier. Entre la maquette d'installation sanitaire (en haut à gauche) réalisée en 1890 et celle représentant une voiture aux lignes modernes (en bas), s'est écoulée une centaine d'années qui a vu le Compagnonnage français relever le défi toujours délicat d'une profonde remise en question. Signe des temps, le terme de serrurier semble progressivement céder la place au mot plus moderne de métallier.

Proposer un voyage hors de France

Depuis une trentaine d'années, chacun des trois mouvements compagnonniques français tente de rayonner bien au-delà des seules limites du territoire national. L'Union compagnonnique fut la première à initier un Compagnonnage similaire en Suisse. Ainsi, des cayennes de l'UC fonctionnent à Genève, Neuchâtel et Lausanne, perpétuant ainsi l'implantation de ce Compagnonnage, implantation qui remonte avant la Seconde Guerre mondiale.

La FCMB a tenté une expérience bien timide à partir de Genève. En réalité, elle s'est un peu plus investie en Belgique afin de mettre sur pied une Fédération compagnonnique, qui éprouve cependant quelque difficulté à marquer sa présence sur le territoire belge.

L'Association ouvrière des Compagnons du Devoir semble, en revanche, accorder une part de plus en plus importante à l'implantation du Compagnonnage hors de France. Il est à noter que les Compagnons du Devoir disposent actuellement d'un réseau performant et fiable de maisons en Belgique, en Suisse, en Hollande, en Allemagne et au Canada.

Depuis 1953, la CCEG (confédération européenne) fédère divers mouvements compagnonniques présents en Europe. En France, seule la Fédération compagnonnique des métiers du bâtiment adhère aujourd'hui à cette confédération qui organise tous les cinq ans un grand rassemblement où Allemands, Français, Belges, Suisses et Scandinaves se retrouvent pour élire un nouveau bureau directeur. Un livret de route (ci-contre) accompagne le voyageur en Europe. Les Compagnons allemands (page de gauche, en 1890) se distinguent par leurs cannes torses et perpétuent le port du chapeau et d'un mouchoir de voyage (ci-dessus) tout en maintenant le port des joints aux oreilles.

Un Compagnonnage en mutation

Il ne faut plus voir dans le Compagnonnage français actuel une société folklorique, anachronique ou passéiste. Le temps du Tour de France à pied et des auberges n'est plus. Aujourd'hui chaque compagnonnage accueille ses jeunes dans des sièges modernes, confortables et très fonctionnels. Les secrets et autres mystères compagnonniques n'alimentent qu'une littérature fort peu soucieuse de la véritable identité d'une institution qui a su s'adapter aux exigences et aux attentes d'un monde moderne. Certes les légendes, le symbolisme, les cérémonies initiatiques qui marquent les différentes étapes du cheminement de l'homme ouvrier,

Très appréciés pour la restauration du patrimoine, les Compagnons sont régulièrement sollicités pour des travaux de prestige comme ici pour une statue de Louis XIV. La qualité du produit fini explique pourquoi de nombreuses entreprises compagnonniques possèdent des carnets de commande particulièrement remplis.

les traditions, un vocabulaire et des rites particuliers sont toujours là pour rappeler que le Compagnonnage n'est pas une simple école de formation professionnelle parmi d'autres. Il y a toujours un esprit Compagnon bâti autour de valeurs authentiques et profondes issues de la confrontation de l'homme avec son métier et forgées par l'expérience d'une vie communautaire durant les années du Tour de France.

Encore aujourd'hui, le Compagnonnage est régulièrement assimilé à une sorte de secte, en raison de quelques cérémonies, coutumes et autres symboles parfois mal compris par un public non averti. Les Compagnons souffrent de cette réputation très éloignée de la réalité d'une institution reconnue pour son sérieux, sa probité et son honnêteté, où chacun est libre de ses actes et de ses pensées. La chaîne d'alliance (ci-contre), les couleurs, les cannes, les rites... ne sont en fait que des éléments d'identité propres à tout groupe social organisé et structuré. Les diverses sociétés compagnonniques ont ainsi à cœur de maintenir et de transmettre ce qu'elles considèrent à juste titre comme le patrimoine culturel et spirituel de leur institution. Loin d'être secrètes ou mystérieuses, les cérémonies et les pratiques rituelles en usage dans le Compagnonnage revêtent leur pleine dimension et prennent tout leur sens dans le cadre de la vie communautaire, où chaque jeune est invité à réfléchir sur le message formateur délivré en ces occasions.

L'avenir du Compagnonnage

A l'aube du XXIe siècle, le Compagnonnage français est prêt pour aborder une société postindustrielle. Sa capacité d'adaptation, son souci permanent d'être à l'écoute des moindres transformations relatives au monde du travail, sa présence dans des secteurs de pointe sont autant de gages pour un avenir qui s'annonce meilleur. La crise des années 1900-1940 n'est qu'un lointain souvenir. Les querelles dues aux malentendus de l'après-guerre s'estompent. Les jeunes se pressent chaque année davantage pour bénéficier d'une formation compagnonnique qui a su allier tradition et innovation. Ainsi, l'enseignement séculaire du trait côtoie le DAO (dessin assisté par ordinateur).

Recherché pour sa compétence, le Compagnonnage français est appelé à élargir son champ d'influence. De plus en plus nombreux sont ceux qui redécouvrent les vertus de la formation professionnelle dispensée par le Tour de France. Des notions et des valeurs telles que la qualité et la mobilité sont appréciées par un public sans cesse croissant. Les Etats-Unis d'Amérique, le Japon, le Canada, l'Australie découvrent avec intérêt une institution compagnonnique et lui confient volontiers des chantiers prestigieux n'ayant chez eux aucun groupement capable d'assurer la réalisation ou l'entretien d'un patrimoine qui leur est cher. A ce titre la restauration de la statue de la Liberté à New York, en 1986, est le symbole d'un Compagnonnage qui a su se faire connaître puis reconnaître. Des rencontres internationales comme les Olympiades des Métiers permettent aux Compagnons de porter très haut les couleurs de la France dans une compétition qui rassemble une quarantaine de pays. Le véritable souci du Compagnonnage ne réside plus dans le problème de sa survie; cette dernière est déjà acquise. Une tout autre question commence à interpeller quelques responsables nationaux qui ont su rester lucides vis-à-vis du renouveau du phénomène compagnonnique : face à une demande et à des exigences qui s'annoncent nombreuses, pressantes, variées et nouvelles, comment répondre sans trahir l'esprit du Devoir ?

Depuis toujours, les sociétés compagnonniques françaises se sont efforcées de proposer une voie originale dans l'apprentissage et le perfectionnement du métier. En plaçant l'individu et le métier au centre de ses préoccupations, le Compagnonnage apparaît aujourd'hui comme une des réponses privilégiées à une jeunesse ouvrière en quête de formation et de reconnaissance.

Du Compagnon Vitrier des Devoirs unis (à gauche) au Compagnon Métallier du Devoir qui restaure la statue de la Liberté à New York (ci-dessous), le Compagnonnage accueille des métiers traditionnels et modernes qui se répartissent, selon l'identité et l'histoire de chacun des trois mouvements compagnonniques français.

TÉMOIGNAGES ET DOCUMENTS

Les inspirés du Tour de France

De George Sand à Marcel Pagnol, de Frédéric Mistral à Jean Guéhenno en passant par Henri Vincenot, nombreux sont les écrivains qui ont évoqué le Compagnonnage dans leurs œuvres, abordant ce dernier sous ses diverses facettes.

Une réception de Compagnon au XIIIe siècle

Renaud s'attendait à une cérémonie pleine de faste et il fut un peu déçu. Par contre, ce fut très long.

Dans la loge était réuni un groupe important de Compagnons et Pierre de Montreuil présidait, avec à ses côtés Guillaume et Thibault, le parrain et l'instructeur du récipiendaire. Devant le pavé mosaïque était une sellette sur laquelle la pierre resplendissait sous la lumière des torches et des flambeaux. Au fond, debout contre le mur, face à l'assemble, Renaud attendait, anxieux et crispé.

L'un après l'autre, le Maître de la loge appela les Compagnons. Chacun vint près de la pierre, en fit le tour, examinant chaque détail, mesurant s'il le jugeait bon et surtout donnant son impression à voix haute, en commentant le travail et en le critiquant.

Quand tous ceux qui devaient apprécier l'œuvre eurent défilé autour de la sellette, le Maître fit un long discours que Renaud, dans son émotion, ne comprit pas très bien, puis ordonna que l'on passât au vote. A cet effet, chaque Compagnon reçut deux boules : une noire et une blanche et tout le monde se mit debout. Il y eut une courte prière pour demander au Ciel d'inspirer un jugement équitable, puis l'un après l'autre, ils posèrent dans une sorte d'aumônière la boule de leur choix de façon à ce que personne n'en voie la couleur. Puis l'aumônière fut portée devant Pierre de Montreuil et renversée dans une coupe. Toutes les boules étaient blanches à l'exception d'une seule.

Renaud poussa un soupir de soulagement. Il savait maintenant qu'il était admis parmi les Compagnons du

Saint-Devoir de Dieu. S'il y avait eu deux boules noires, son élévation aurait été ajournée d'un an au moins; plus de trois boules noires et il serait sans doute resté très longtemps, peut-être à vie, hors de la Confrérie.

C. Fournier, *Renaud Banaste sur la route des bâtisseurs*, Ed. du Rouergue, 1989

Une définition du Compagnonnage

Le Tour de France, c'est la phase poétique, c'est le pèlerinage aventureux, la chevalerie errante de l'artisan qui s'en va, par les chemins, chercher une patrie sous l'égide d'une famille adoptive qui ne l'abandonne ni durant la vie ni après la mort. Celui même qui aspire à une position honorable et sûre dans son pays, veut tout au moins dépenser la vigueur de ses belles années et connaître les enivrements de la vie active [...]. Il reprendra plus tard la lime ou le marteau de ses pères; mais il aura des souvenirs et des impressions, il aura vu le monde, il pourra dire à ses amis et à ses enfants combien la patrie est grande; il aura fait son Tour de France.

George Sand, *Le Compagnon du Tour de France*, 1841

La bataille de la Crau

Mistral s'est ici inspiré d'une des rixes les plus célèbres entre Compagnonnages adverses pour rédiger le huitième chant de Calendal, *l'une de ses œuvres majeures.*

Les combattants de la mêlée, armés de cannes à bouterolles, de grands compas de fer et d'outils assassins, se massacraient.

– Il faut que j'ouvre, criait l'un, et que j'étripe tous les Loups!

– Moi, il faut, criait l'autre, que je couvre le sol avec des peaux de Chiens!

– Au bourreau les Gavots ! Ah! race de Loups capons, d'oiseaux de proie!

– Payez-nous, hurlaient-ils, payez le sang d'Hiram!

– Hue, Loups-garous et Chiens! hue fainéants!

– Déposez vos couleurs, manœuvres, sinon, braillaient-ils, en serpents, nous vous les changerons! Mort aux Dévorants!...

Et les deux bandes s'éventraient. La frénésie les brûle, les aveugle : acharnés, ils se plongent le compas dans le corps, et meurent, la lèvre écumante... Mais la patrie en pleurs, qui dans la guerre âpre et fumeuse, des soldats illumine la mort, ils ne la voient pas.

Frédéric Mistral, chant huit «Les Compagnons», *Calendal*, 1867

Sur les genoux des Compagnons

Mon oncle Joseph, mon tonton, comme je dis, est un paysan qui s'est fait ouvrier. Il a vingt cinq ans, et il est fort comme un bœuf; il ressemble à un joueur d'orgue; la peau brune, de grands yeux, une bouche large, de belles dents; la barbe très noire, un buisson de cheveux, un cou de matelot, des mains énormes toutes couvertes de verrues qu'il gratte pendant la prière.

Il est Compagnon du Devoir, il a une grande canne avec de longs rubans, et il m'emmène quelquefois chez la Mère des menuisiers. On boit, on chante, on fait des tours de force, il me prend par la ceinture, me jette en l'air, me rattrape, et me jette encore. J'ai plaisir et peur! Puis je grimpe sur les genoux des Compagnons; je touche à leurs mètres et à leurs compas, je goûte au vin qui me fait mal, je me cogne au chef-d'œuvre, je renverse des planches, et m'éborgne à leurs grands faux cols, je m'égratigne à leurs pendants d'oreilles. Ils ont des pendants d'oreilles… Je suis si heureux avec les menuisiers.

Jules Vallès,
L'Enfant, 1879

Dans le café de mes parents

Dès que j'étais revenu de l'école, je m'installais à l'une des tables, toujours la même, pour écrire mes devoirs ou apprendre mes leçons, levant le nez chaque fois qu'un client apparaissait [...]. Ce que je vis et entendis dans ce temps-là, j'en suis sûr, a définitivement orienté ma pensée et mes songes […].

Il y avait aussi les Compagnons du Devoir. Ils étaient une trentaine, tous les meilleurs ouvriers de la ville. Maman, pendant quelque temps, doit être la Mère des Compagnons. Chaque mois, ils tenaient à la maison, un dimanche matin, leur assemblée et, à mesure qu'ils arrivaient, je me faisais redire par mon père les vertus singulières et les ouvrages merveilleux de chacun d'eux. Il me les

nommait très exactement comme je vis plus tard le vieil Homère énumérer les héros d'Argos ou de Troie. Il y avait le père Moreau, Rennes la Probité, un grand charpentier à pantalons bouffants qui avait repensé et reconstruit toute la charpente de l'église Saint-Léonard, le père Foursac, Villefranche la Générosité, un patronnier venu du Midi, magnifiquement éloquent et qui, disait-on, avait établi tous les modèles de la maison Cordier pour l'Exposition de 1889, le petit Chéhanne, Fougères la Liberté, un cordonnier au visage fin et douloureux, qui en remontrait à toute la ville dans l'art de bâcher et équilibrer les talons Louis XV, tant d'autres… Mon père, soudain grandi, devenait lui-même, ces jours-là, Pontivy la Justice.

Mais un dimanche, chaque année, la réunion se faisait plus solennelle. C'était le jour où l'on recevait les nouveaux. Maman leur prêtait la grande salle. C'était une chambre où nous n'entrions presque jamais, réservée aux noces et aux banquets.

Dès le samedi, la salle était livrée aux Compagnons. Ils tiraient les volets des fenêtres, fermaient sur eux la porte à clef et, tard dans la nuit, je les entendais qui clouaient, emboîtaient des planches les unes dans les autres, suspendaient des tentures. Que pouvaient-ils bien construire ? J'appris plus tard que ce n'était rien de moins que le temple de Salomon. Mais un renseignement si exact et si extraordinaire ne produisit pas sur moi l'effet qu'avait produit le mystère dans lequel le petit café était plongé, la fameuse nuit de la réception des Compagnons

Le dimanche matin, tout était prêt pour la cérémonie. Ils arrivaient vers les neuf heures. Ils portaient de hautes cannes enrubannées comme un symbole de leurs anciens voyages, et, avant d'entrer dans la salle des mystères, ceignaient une large écharpe de soie rouge à bordure blanche sur laquelle était brodée, au milieu d'une figure faite d'un triangle et d'un compas croisés, une inscription en lettres étranges, on ne savait quelle formule sacrée venue du fond des cieux et du temps. La cérémonie, derrière la porte close, durait des heures. Les profanes, dans le petit

Le poète Frédéric Mistral (5e à partir de la gauche), avec une délégation de Compagnons du Devoir au musée Arlatan.

café, en plaisantaient car il courait toutes sortes de bruits sur des épreuves ridicules auxquelles les initiés étaient soumis. Mais le rire n'empêchait pas le respect. Et la réception achevée, on se précipitait pour admirer les chefs-d'œuvre des néophytes : un ouvrage difficile d'ajustage en bois ou en fer, un montage d'horlogerie, ou bien, comme il arrivait souvent, dans ce pays de cordonniers, une petite botte, vernie, sans couture, admirable [...].

Jean Guéhenno,
Journal d'une révolution 1937-1938,
Grasset

La Sincérité de Marseille

En 1870, pendant les cinq mois du siège, puis aux jours terribles de la Commune, Paris fut longuement bombardé.

Certes, les obus que lançaient alors les canons n'avaient encore ni tête chercheuse, ni charge atomique : ils firent cependant de grands dégâts. Plusieurs rafales tombèrent sur l'Hôtel de Ville de Paris, dont les clochetons délicatement ciselés faisaient la gloire de nos tailleurs de pierre. Presque tous ces gracieux chefs-d'œuvre furent blessés ou mutilés, et quelques uns s'effondrèrent en pièces sur le toit.

Lorsque la paix fut revenue et que le pays eut repris des forces, la ville de Paris décida de restaurer le monument. C'était un travail difficile : le gouvernement fit donc appel à la corporation des tailleurs de pierre, qui demanda aux maîtres et Compagnons de désigner dans chaque département le plus habile d'entre eux.

Par les Compagnons des Bouches-du-Rhône, c'est mon grand-père qui fut choisi : honneur suprême, dont je suis encore fier aujourd'hui.

Marcel Pagnol,
Le temps des secrets, 1960

A Vézelay

Mon grand-père me montrait des chapiteaux où l'on voyait quelques scènes de mon Histoire Sainte, mais bien d'autres encore avec des monstres et des chimères où je ne comprenais rien du tout, et puis sur l'embase d'un pilier un serpent qui se mordait la queue, ce qui est, paraît-il, un signe venu de très loin. Et, enfin, dans le déambulatoire du chœur, des signes gravés sur chaque pierre que je m'apprêtai à caresser de la main, mais le vieux m'en empêcha bien vite en disant :

– Ne touche pas à la signature des Jacques !

Encore et toujours : ces Jacques !

Il y avait là, sculptés dans chaque moellon, des signes, des escargots, des spirales, des rouelles, des rosaces, des billettes entrecroisées, et surtout de nombreuses feuilles de chênes que maître Tremblot me montra en me disant d'un souffle :

– Les enfants de maître Jacques ! N'y touche surtout pas ! Ceux-là savaient !

Savaient ? Mais savaient quoi ? Comme toutes les fois que je suis allé à la Madeleine avec le Vieux, j'avais l'impression que la messe et les curés ne l'intéressaient pas du tout ni les offices, pourtant très beaux.

Parmi la foule des Bourguignons et d'étrangers qui processionnait en bramant cantiques, il semblait être venu pour autre chose. Et combien étaient-ils comme lui ?

J'ai toujours cru quant à moi, qu'il y avait une relation entre ce site extraordinaire, cette basilique, ce monument mystérieux et les Compagnons, « les Jacques »... « Ceux qui savaient !... »

Henri Vincenot, *La Billebaude,*
Denoël, 1978

Quand les Compagnons prennent la plume

Depuis l'exemple célèbre d'Agricol Perdiguier, de nombreux Compagnons ont voulu, eux aussi, apporter leurs témoignages. Le XIXe siècle fut l'époque la plus florissante. En dépit d'une mutation profonde, la chaîne ne s'est pas interrompue. Des romans fameux de Raoul Vergez aux réflexions plus philosophiques de Jean Bernard, en passant par des contributions plus modestes mais tout aussi pertinentes, les Compagnons de notre temps perpétuent cette envie de communiquer leurs doutes, leurs interrogations, leurs projets et leur foi dans leur institution.

Un appel à la tolérance

Face à l'échec relatif obtenu par son action, Perdiguier se contentera, à la fin de sa vie, de proposer une réorganisation du Compagnonnage, le mot réforme n'est plus de mise.

Entrez dans la Société qui répond le mieux à votre esprit, à votre cœur, à votre âme, à votre nature, et une fois que vous y serez, remplissez tous vos devoirs.

De Société à Société point de haine, point de lutte, point d'insulte, mais émulation, désir de se surpasser l'une l'autre par le talent, par la science, par la conduite des adhérents, par la réputation, par la gloire. J'adhère à tout cela. Mais qu'elles restent amies, qu'elles ne cessent d'entretenir des rapports de cordialité ; qu'elles maintiennent l'ordre chacune chez soi, qu'elles se gardent bien de se prendre des hommes sans lever l'acquit, et de se faire une coupable et ruineuse concurrence.

De part et d'autre, soyons larges d'idées, soyons tolérants, soyons humains ; enseignons à la classe ouvrière à se respecter, à s'éclairer, à s'élever de plus en plus, cultivons le dessin, la géométrie, le trait, l'architecture, tout ce qui est utile et bon.

Que le Tour de France soit une vaste école, si l'on part ignorant du pays, que l'on retourne savant et plus haut de dix coudées.

Que chacun soit libre dans sa foi, dans son opinion, dans son aspiration, dans son mode de gouvernement, dans ses coutumes, dans ses usages, dans telles ou telles formes qu'il lui plaît d'adopter et de suivre et ne peuvent nuire à autrui. Point de satire, de raillerie, d'agression… Chantons l'humanité, chantons la

Agricol Perdiguier (1805-1875) vers la fin de sa vie

fraternité, et ne cessons point de nous donner la main.

Agricol Perdiguier,
Question vitale
sur le Compagnonnage
et la classe ouvrière, 1861

Une confession en forme d'appel

Cet ouvrage obtint dans le milieu compagnonnique un écho pratiquement aussi important que celui de Perdiguier.

En publiant ces confessions, ai-je eu la prétention de faire un livre dans le seul but d'initier aux mystères et à la vie intime des Compagnons ? Qu'on ne le pense pas. Mon but est plus large.

Les mystères du Compagnonnage ont déjà été dévoilés dans plusieurs écrits. *Le Livre du Compagnonnage*, de M. Agricol Perdiguier, publié en 1839, nous a donné la légende des Compagnons du Devoir, leur généalogie et leurs coutumes. *Le Mystère des Compagnons Cordonniers dévoilé*, publié il y a trois ans, nous a montré à nu leurs pièces mystiques. M. Perdiguier vient, de nouveau, de porter le Compagnonnage et la classe ouvrière devant l'opinion publique.

Ce sont ces diverses publications qui m'ont déterminé à faire mes confessions. Il m'a semblé que le premier de ces ouvrages n'en disait pas assez. Il m'a paru que le second en disait trop d'une part, et trop peu de l'autre, et, enfin, que le troisième, tout en contenant des idées de progrès et d'améliorations incontestables, ne montre pas assez la plaie qu'il veut cicatriser, qu'il a peur de la découvrir, qu'il tourne à l'entour du foyer du mal, et qu'aussi son remède n'est pas assez efficace, pas assez radical. Il m'a semblé que pour porter le seul remède possible à cette lèpre de divisions et de haine (car il faut appeler les choses par leur nom) qui ronge et détruit les sociétés compagnonniques, il fallait complètement la découvrir, la faire toucher du doigt, non seulement aux Compagnons eux-mêmes, mais aussi à la grande société tout entière, convaincue que l'opinion publique, bien éclairée sur ces discordes sans motifs sérieux, peut être d'un grand poids dans l'organisation morale des sociétés ouvrières marchant dans la voie nouvelle que le progrès leur ouvre aujourd'hui.

Ce que je dis des mystères, d'autres l'ont dit avant moi. Les scènes atroces, les crimes que je montre, ont été publiés ; les tribunaux de presse en ont retenti. Tous ces faits isolés les uns des autres, je les ai réunis, j'en forme un tout suivi, que mes lecteurs apprécieront.

Tout ce que je dis, je l'ai vu, je l'ai touché, s'est passé dans ma vie active de Compagnon ou bien j'en ai eu des preuves irrécusables dans la société dont je faisais partie.

Mon livre n'aura pas le charme de l'érudition d'un littérateur : je ne suis pas homme de lettres, je suis cordonnier. Je n'ai d'autre instruction que celle que j'ai arrachée aux forces du chemin que j'ai parcouru dans ma vie de travailleur. Mon style s'en ressentira sans doute, mais je serai vrai ; la vérité sans ornement, toute nue, sortira de ma plume. Telle qu'elle est, je l'offre.

Je m'adresse à tout le monde en général, mais en particulier, à tous les travailleurs, mes frères, et je dis :

Lisez mon livre, jeunes hommes qui voulez parcourir la France pour vous initier dans la science et les arts qui en font la richesse et l'ornement. Entrez dans les Sociétés ouvrières, car elles sont une nouvelle famille, remplaçant celle que vous avez quittée. Mais en entrant dans ces Sociétés, portez chez elles l'esprit d'amour et de concorde dont ce livre vous montre le besoin, en vous montrant aussi ce que l'esprit contraire a porté de douleurs et fait couler de larmes.

Lisez mon livre, pères et mères de famille, vous pourrez prémunir vos jeunes industriels contre ces rivalités absurdes et déplorables qui ont ensanglanté la France, qui ont fait tomber, dans un champ clos fratricide, l'espoir de tant de pauvres mères qui portent encore le deuil de ceux qu'elles ont perdus, sur lesquels elles fondaient leur plus chère espérance, mais, hélas, qui ne sont pas revenus.

Lisez aussi mon livre, vous, grands penseurs, philosophes, littérateurs qui cherchez le grand problème du bien fraternel de l'humanité. Si peu de chose, si minime que soit mon histoire, vous y trouverez des enseignements à donner à ceux que vous voulez instruire. Et, si ce rien, où mon savoir n'a pu rendre ma bonne volonté, vous en faites, vous, hommes de science, sortir quelque chose d'utile au bien commun, si grâce à votre concours, cette œuvre que je ne puis qu'ébaucher prenait un corps et de la vie, en faisant ce qui était en mon pouvoir, j'aurai rempli la mission que je me suis imposée.

Toussaint Guillaumou,
Les Confessions d'un Compagnon,
Le Coloriste industriel, 1861

Une définition selon Vergez

Le Compagnonnage… Le Devoir… Tradition chrétienne ! Tradition orientale ! La fresque héroïque montrant en l'an 1147 Bernard de Clairvaux prêchant la croisade sur la colline de Vézelay, c'est la France qui s'éveillait au bruit des métiers, car le Compagnonnage venait de naître.
Et les Templiers venaient de dédier aux ouvriers de France, une règle civique, morale et professionnelle qui demeure en vigueur, huit siècles plus tard.

Et ce fut le trait, cette philosophie mystique, cette philosophie cartésienne avant Descartes qui permit de tracer la croisée d'ogives et de construire les cathédrales ogivales.

Le Compagnonnage est une aristocratie des métiers, une formule hyperbolique, un rêve immatériel : le fini dans l'infini. Le Compagnonnage, c'est la tradition, ce véhicule de la connaissance.

Raoul Vergez,
Béarnais l'Ami du Tour de France,
Les Compagnons d'aujourd'hui,
Bois d'aujourd'hui, 1973

Compagnonnage et médias

Le public a l'habitude de se représenter le Compagnonnage à travers les médias ce qui, malheureusement, lui donne souvent une image différente de la réalité. Des films, des livres, des feuilletons nous mettent en scène et le public nous perçoit soit comme les hommes d'un passé aujourd'hui révolu, soit encore ce qui est pire, comme des contemporains acharnés à vivre au passé. Cette présentation est désuète, pernicieuse et même parfois malhonnête.

Gabriel Patarin dit Gabriel le Vendéen, Compagnon Menuisier du Devoir, « Vivre une tradition, ce n'est pas être traditionaliste », *Revue professionnelle des métiers de l'ameublement et de la décoration*, décembre 1985

Opinion publique

Lorsqu'on parle du Compagnonnage, bien peu de personnes sont au fait de la question et peuvent en juger avec pertinence. Passons sur tous ceux, et ce sont les plus nombreux, qui nous identifient à quelque association secrète ou à un milieu devenu folklorique après avoir eu dans le passé ses moments d'action. Nous avons souvent tenté d'effacer ce jugement aussi faux que tenace, quand encore il n'est pas tendancieux. Il demeure hélas indélébile dans certains esprits.

Abandonnons ceux-ci à eux-mêmes puisqu'ils n'ont pas le sain réflexe d'essayer de mieux comprendre. Il nous reste ceux qui vont plus loin et qui associent le Compagnonnage à l'idée du travail. Ils ouvrent une porte sur l'une des raisons profondes de l'existence de la permanence du Compagnonnage. Las ! Nous nous apercevons vite que malgré cette porte qui n'est qu'entrouverte les esprits n'en sont pas moins ignorants de ce qu'on pourrait appeler sans prétention la finalité du Compagnonnage.

Jean Bernard dit La Fidélité d'Argenteuil, fondateur de l'Association ouvrière des Compagnons du Devoir du Tour de France.

En effet, au niveau dont nous parlons les erreurs se partagent en deux directions : les uns mettent en avant avec emphase le thème du beau travail et nous prennent comme des chevaliers du mérite sans trop voir combien ce mérite ne correspond plus à notre temps ; les autres le condamnent d'une sentence sans appel rendue au nom de l'évolution économique.

Jean Bernard, Compagnon Tailleur de pierre du Devoir, *Compagnonnage*, septembre 1970

Face aux syndicats

Ancêtre du mouvement syndicaliste, le Compagnonnage n'a pas résisté aux mutations profondes dues à la révolution industrielle. Dès l'émergence des premières chambres syndicales, les Compagnons se divisent, les uns applaudissant, les autres, plus nombreux, voyant dans les syndicats naissants une menace très sérieuse quant à l'avenir de leur institution. Progressivement, chacun trouvera ses marques, après une longue période de cohabitation plus ou moins tendue.

Deux jugements très différents

Pour ce qui est des syndicats ouvriers, ils sont à Orléans nos plus terribles ennemis. L'ouvrier de ce pays n'est pas porté pour le voyage. Malgré cela, les Compagnons Maréchaux sont assez nombreux ; il y a à Orléans quelques bureaux de placement autorisés, mais aussi la bourse du travail où siègent les syndicats qui mènent contre notre société et autres une campagne des plus acharnées.

Ils ignorent, ces fanfarons de la discorde, que le Compagnonnage a des racines plantées depuis trop longtemps pour qu'il leur soit facile de l'anéantir à leur gré. Les Compagnons du Devoir, ne leur en déplaise, résisteront à tout ce qu'ils pourront ou voudront faire contre eux.

Breton la Belle Prestance, Compagnon Maréchal-Ferrant du Devoir, *Le Ralliement*, octobre 1907

Le Compagnonnage de jadis dont l'élément était exclusivement ouvrier faisait valoir ses revendications par la force de son organisation et s'il avait comme en 1789 conservé son esprit d'émancipation et de liberté, il serait encore florissant, mais l'esprit de lutte est mort parce que les maîtres y dominent et l'esprit qu'ils y soufflent l'éteind tout doucement…

Voyez les syndicats, ils sont fédérés et confédérés et pourquoi cela ? C'est qu'ils y trouvent une force, une source d'énergie et que le fort subvient au faible. Là, il faut en convenir, l'esprit de solidarité y règne en principe beaucoup plus largement que chez les Compagnons.

Abel Boyer dit Périgord Cœur Loyal, *Le Ralliement*, août 1909

Caricature de Proudhon, aux côtés de Vallès et de Duvernoy, 1860

Du recours à la grève

Il y a presque un demi-siècle que je travaille sur les chantiers du bâtiment et des travaux publics. J'ai vu pas mal de disputes, de luttes, j'ai pu me faire l'idée moyenne qui influence aujourd'hui mon jugement. J'ai vu des patrons rapaces, dans ma jeunesse, qui vous faisaient sortir la sueur des yeux, pour une croûte de pain, j'ai vu de braves hommes à la tête d'une entreprise, incapables de dominer une escouade de saboteurs qui les menaient à la ruine. Mais chaque fois que les travailleurs ont eu recours à une extrémité non justifiée de la grève ou de la violence, je les ai retrouvés vaincus, plus pauvres qu'avant, plus enragés, plus désabusés. Et je le dis maintenant : la grève est souvent une erreur et ceux qui prêchent l'action directe en sont rarement les victimes.

Raoul Vergez,
La Pendule à Salomon,
1957

La question syndicale

Non, nous ne demandons pas aux Compagnons d'être neutres, nous ne leur demandons pas de ne pas adhérer au syndicat de leur choix, ou de ne pas avoir d'opinion ! Mais nous leur demandons d'en faire grâce aux autres, de ne pas faire par leur silence (par le respect des autres) un sacrifice qui les grandit.

C'est là un chapitre de notre règle d'or.

Il n'empêche que la question syndicale brûle toutes les lèvres quand on parle du Compagnonnage et qu'on ne connaît pas les Compagnons.

Cette curiosité a des racines historiques. C'est que le syndicalisme reconnaît que le Compagnonnage a été l'ancêtre et la première des associations d'ouvriers. C'est aussi que le syndicalisme a, il y a un siècle, pris la place du Compagnonnage dans la confiance des ouvriers par un mouvement émancipateur.

Jean Bernard
dit La Fidélité d'Argenteuil,
Compagnonnage,
février 1956

De la confusion entre Compagnonnage et Franc-Maçonnerie

Nombreux sont ceux qui, dans l'opinion publique, confondent encore Compagnonnage et Franc-Maçonnerie. Pourtant, ces deux institutions sont fondamentalement différentes et radicalement distinctes en dépit d'apparents points communs, notamment dans le domaine des légendes et des symboles relatifs à chacune de ces sociétés.

Tablier maçonnique du XIXe siècle

Un soi-disant cousinage

Pourquoi faut-il que, dans l'esprit d'un public non averti, l'ombre de la Franc-Maçonnerie se confonde avec celle du Compagnonnage ?

Pourquoi faut-il qu'à la faveur de cette confusion (et à côté de ceux qui sont de bonne foi) il en existe qui tendent (consciemment ou non) à accréditer la fable d'une filiation commune, ou pour le moins d'un cousinage ? Il n'est pas jusqu'aux férus d'ésotérisme qui ne s'interrogent sur les vertus de l'un ou l'autre pour en extraire nous ne savons trop quelle panacée fondamentale.

Ces spéculations nous laisseraient froids s'il ne s'agissait des démarches qui risquent d'enlever au Compagnonnage (toujours dans l'esprit d'un public non averti) son caractère originel et pour tout dire, sa vérité. Ce caractère, cette pureté et cette vérité n'ont d'autres sources réelles que l'exercice du métier. C'est une source avec laquelle on ne transige pas. Il ne suffit pas pour s'y retremper de revêtir un tablier brodé, de manier des outils symboliques ou de parler un langage pseudo-professionnel. Du fait que nous ne pouvons souscrire à ces faux-semblants, nous sommes donc inéluctablement d'une espèce tout à fait à part, qui l'a toujours été et le restera d'une façon irréductible… Bien entendu la Franc-Maçonnerie emprunta au Compagnonnage, mais son abondante mythologie n'est-elle pas riche de bien d'autres emprunts ? L'Egypte, le Christianisme, la Chevalerie, tout y est. Pourquoi faut-il que le public non averti bute plus spécialement sur ce qu'elle a pris aux compagnons ?

Jean Bernard, dit La Fidélité d'Argenteuil, *Compagnonnage*, juillet 1976

De l'identité du Compagnonnage

Parce que l'équerre et le compas figurent dans la symbolique maçonnique, certains en ont trop vite conclu à une similitude entre les deux institutions. En réalité le Compagnonnage est bien antérieur à l'apparition de la Franc-Maçonnerie. La simple expression « Francs-Maçons anciens et acceptés » est déjà une réponse. Certes le temple de Salomon et le personnage d'Hiram sont présents dans les légendes compagnonniques ; des signes de reconnaissance, les trois points sont encore en vigueur dans certaines sociétés compagnonniques ; cependant ne commettons pas l'erreur grossière de considérer le compagnonnage comme une Franc-Maçonnerie opérative, il en va du respect de l'identité des deux institutions. Il n'en est pas moins vrai qu'à l'image d'Agricol Perdiguier, Lucien Blanc ou Raoul Vergez, quelques compagnons ont fréquenté et fréquentent encore les loges des diverses obédiences maçonniques françaises. Ce faisant, ils n'engagent en rien leur compagnonnage, l'appartenance maçonnique étant un choix strictement individuel relatif à une démarche initiatique.

Compagnons et Francs Maçons sont fondamentalement différents par le simple fait que le Compagnonnage n'accepte en son sein que des gens de métiers manuels, le travail sur la matière étant le véritable signe distinctif de tous les Compagnons du Tour de France. Le mythe d'un Compagnonnage sous la tutelle de la Franc-Maçonnerie ne correspond à aucune réalité historique même si le XIXe siècle vit un Grand Orient de France s'intéresser de très près à un compagnonnage qu'il avait trop longtemps ignoré.

François Icher,
La France des Compagnons,
Ed. de La Martinière, 1994

La Règle du Devoir

Les Compagnonnages se sont toujours distingués par l'observance d'une règle. Aujourd'hui encore, les trois mouvements qui composent le paysage compagnonnique français respectent une série d'articles qui est communiquée à tout nouvel arrivant.

“Au travail, avoir le cœur de se perfectionner dans le métier.”

Le règlement des itinérants à l'Union Compagnonnique des Devoirs Unis.

1. ARRIVÉE :

1.1. A son arrivée, l'itinérant se présentera au Président ou au Premier en ville et lui remettra son livret.

1.2. Il ira ensuite se présenter à la Mère ou à la Dame Hôtesse.

1.3. Le Premier en ville l'accompagnera chez son employeur.

1.4. L'itinérant gardera le contact pendant son Tour de France avec le parrain de sa ville de départ.

2. SÉJOUR :

2.1. Une bonne conduite et le respect le plus absolu envers la Mère seront exigés.

2.2. Les contacts des itinérants avec les Compagnons devront être les plus fréquents possible.

2.3. Les itinérants tiendront en état de propreté les locaux et le matériel mis à leur disposition.

2.4. Chacun respectera le sommeil d'autrui.

2.5. Une tenue correcte et une bonne hygiène corporelle seront exigées.

2.6. Tous propos injurieux, termes grossiers, etc. seront proscrits.

2.7. Sont rigoureusement interdites les conversations ayant trait à la politique et à la religion au sein de la cayenne.

2.8. Une participation active à la vie de la cayenne et une présence à nos fêtes seront demandées aux itinérants.

2.9. Les personnes étrangères à la Société n'auront pas accès aux locaux des itinérants.

2.10. Les itinérants respecteront le règlement intérieur de chaque cayenne.

2.11. Ils seront à jour de leurs cotisations.

3. TRAVAIL :

3.1. Pour le renom de la Société, tout itinérant se devra de travailler avec

conscience et persévérance.
3.2. Un changement d'employeur ne pourra se faire sans autorisation du Pays Premier en ville ou du Pays Président.
3.3. Le livret de voyage devra être visé par chaque employeur.

4. COURS :

4.1. Tous les itinérants sont tenus d'assister régulièrement aux cours désignés par la section. Ils auront comme objectif constant de se perfectionner dans leur métier.
4.2. De même, ils recevront une information sur le Compagnonnage, ses légendes, son histoire et sur l'existence des autres sociétés compagnonniques.

5. DÉPART :

5.1. L'itinérant ne pourra quitter une ville que s'il est en règle. Son livret aura été signé par les Pays Rouleur, Premier en ville et Président.
5.2. Avant son départ, il devra faire ses adieux à la Mère ou à la Dame Hôtesse.
5.3. Parallèlement au Pays Président, il tiendra au courant de sa mutation le Commissaire au Tour de France.

Règle de la communauté des Compagnons du Devoir du Tour de France

«La Maison des Compagnons est un lieu d'accueil pour les apprentis, les stagiaires, les jeunes venant de l'étranger, les aspirants et les Compagnons qui voyagent selon la Tradition, plusieurs fois centenaire, des Compagnons du Devoir.

La Mère ou la Dame Hôtesse, les Compagnons ou les aspirants des divers corps de métiers assurent l'accueil fraternel de tous les arrivants et maintiennent cet esprit dans la vie journalière de la communauté.

La Règle est le lien qui unit les Compagnons, c'est en l'acceptant et en l'observant qu'ils assurent, dans leur Maison, une dignité et une bonne entente.

Autant qu'une constante invitation à un perfectionnement de son caractère, la Règle est pour chacun un instrument de l'approfondissement de son éducation.

Les Compagnons, la Mère ou la Dame Hôtesse, le Prévôt, le Rouleur, le Premier Aspirant, assurent, chacun dans leur rôle, une part de la transmission du Compagnonnage. Respectueux de la Règle qui en est issue, ils doivent veiller à ce que les membres de la communauté s'en pénètrent, et l'appliquent d'une manière exemplaire, tant dans la communauté qu'à l'extérieur de celle-ci.

Le Rouleur fera lire à haute voix les extraits de la Règle à tout nouvel arrivant.

Les Compagnons, aspirants, stagiaires et apprentis, ont qualité de Pays ou Coteries selon leur métier.

Les usages propres aux relations entre les membres de la communauté doivent être pratiqués peu à peu par tous les apprentis et les stagiaires

Le repas est un lieu privilégié d'échange, un temps fort de la vie communautaire. En prenant place à la table des repas, il est de coutume de saluer les personnes présentes.

A table, les personnes doivent être décentes, les vêtements propres. La serviette est obligatoire.

L'horaire des repas doit être respecté, sauf en cas d'impossibilité due au travail. Toute absence ou tout retard doit être prévu ou justifié auprès du Prévôt, de la Mère ou de la Dame Hôtesse.

Les membres de la communauté ne doivent en aucune manière lire à table, employer des expressions grossières, critiquer les absents, se quereller ou engendrer des discussions bruyantes.

Ils doivent éviter de tâcher la table ou les sols, de gaspiller le pain ou tout autre nourriture en partageant fraternellement le repas.

A table et dans toutes les manifestations de la vie communautaire, on doit respecter la liberté de conscience de chacun et éviter de faire prévaloir ses opinions en toute matière qui ne soit pas professionnelle.

Chacun doit régler sa pension mensuelle à l'avance, pour assurer l'équilibre financier de la vie communautaire.

Les chambres sont des lieux de détente et de repos personnel. Le calme doit y régner, pour le respect de chacun.

L'accès des chambres à toute personne étrangère à la maison des Compagnons ne peut être autorisé que par la Mère, la Dame Hôtesse ou le Prévôt.

Les apprentis et les stagiaires mineurs ne peuvent sortir le soir que selon des horaires et des jours convenus avec le Prévôt, afin de préserver un repos nécessaire.

Au travail, les Compagnons, aspirants, stagiaires et apprentis doivent avoir à cœur de se perfectionner dans leur métier. Ils doivent respecter les personnes et les conditions établies à l'embauche.

Le placement, les absences au travail, les conditions d'embauche sont déterminés en accord avec le Maître de Métier. Été comme hiver, sur les lieux de travail ou dans les ateliers du siège, chacun doit être vêtu selon la tenue traditionnelle de son métier qui offre toute sécurité et répond aux règles d'hygiène et de bienséance.

La bonne tenue des ateliers, salle de chefs-d'œuvre, chambres, bibliothèque, est confiée à la conscience de chaque membre de la communauté.

Des règlements sont apposés dans tous les lieux qui nécessitent une discipline commune.

La vie du Compagnonnage comprend de nombreuses fêtes et manifestations durant lesquelles tous les membres de la communauté doivent être vêtus avec une certaine recherche, selon la coutume des Compagnons du Devoir. Tous les vêtements, veste, pantalons, chemise, cravate, chaussures devront être en bon état et très propres.

Les présents extraits de la Règle constituent, pour tous les membres de la communauté, un engagement en conscience à rechercher une attitude exemplaire, tant à l'intérieur de la Maison des Compagnons qu'à l'extérieur de celle-ci.

Les Compagnons sont particulièrement chargés de faire respecter l'esprit de générosité et l'application de cette Règle. Ils doivent le faire avec intelligence et fermeté, dans le respect de leurs coutumes qui font appel à l'amende, voire au blâme pour les cas graves.

La Règle est le fruit de l'expérience des Compagnons et sert la communauté pour le plus grand bénéfice de chacun de ses membres.

Tout apprenti, tout stagiaire, invité à vivre parmi les Compagnons, aura à cœur d'être adopté aspirant, de voyager longuement, aussi bien en France qu'à l'étranger, pour parfaire ses connaissances professionnelles et culturelles. Il pourra alors être reçu Compagnon du Devoir, selon les usages de son corps de métier.

Règle des Compagnons Charpentiers des Devoirs du Tour de France.

Cette règle est le fruit de l'expérience des Compagnons et sert la communauté pour le bien de chacun.

1. Tout jeune, arrivant dans la Maison des Compagnons, doit se conformer à ce règlement. Tout aspirant ou Compagnon arrivant au siège doit saluer en premier la Mère ainsi que l'Hôte et la petite sœur.

2. Sera amendable : celui qui appellera la Mère « Madame ». Si elle n'est pas encore reçue Mère, on l'appellera Dame Hôtesse. Sera amendable celui qui appellera la petite sœur « Mademoiselle » ou « Servante ». Sera amendable celui qui appellera « Monsieur » une Coterie ou un Pays.

3. La tenue à table doit être correcte, avec une serviette, une veste et des habits propres; le langage doit être purgé de tout propos grossier. Langue patoise ou entretien à voix basse, toute discussion politique ou religieuse sont interdits ainsi que toute discussion animée. Sera également amendable celui qui arrivera en retard sans motif valable, tâchera la table ou salira le sol.

4. Tout Coterie ou Pays qui sera pris à détériorer le matériel du siège ou de l'école sera très gravement amendable, tenu à la réparation des dommages et son cas pourra être discuté en assemblée. Il ne faudra pas faire de chahut après le soir.

5. Tout Coterie ou Pays qui manquerait de respect à la Mère ou à la petite sœur se verrait obligé de quitter le siège s'il n'est pas encore reçu Compagnon ou aspirant; dans le cas contraire, son cas serait jugé devant les anciens, c'est une faute grave, non réparable par l'amende.

6. Tout Coterie ou tout Pays doit suivre assidûment les cours pendant quatre années, sauf dispense accordée par une commission d'examen technique. Toute absence sera amendable, le Rouleur est chargé de veiller à l'assiduité. Payer une amende n'accorde pas une dérogation à la Règle.

7. Ce règlement doit être accepté librement et chacun doit l'appliquer sans arrière-pensée. Un rouleur pris parmi les Compagnons ou aspirants sera chargé de le faire respecter. Tout Côterie ou Pays qui, après plusieurs remontrances, ne pourrait s'y conformer sera mis hors du siège.

Ce règlement a été rendu officiel par le congrès de Bordeaux en 1957 et, de ce fait, applicable dans tous les sièges.

Etre Compagnon aujourd'hui

Les Compagnons d'aujourd'hui savent poser leurs outils pour prendre le temps d'écrire leurs réflexions sous forme d'un message qu'ils dédicacent en priorité aux jeunes gens qui n'ont pas encore vécu l'expérience compagnonnique.

La rencontre

Le Compagnonnage, il y a quinze ans n'était pas très connu dans ma contrée. Aux yeux de mes proches les Compagnons avaient existé principalement au Moyen Age. C'est par une brochure qui m'est parvenue de la Maison des Compagnons du Devoir de Saint-Étienne que je découvre ce Compagnonnage en plein renouveau et qui, dans cette seconde partie du XXe siècle, est plus organisé que jamais. Souvent avant de m'endormir je lis et relis ce document. Cela me paraît l'idéal pour me perfectionner et, plus que tout, je veux partir de chez moi.

Lorsque je fais part de mon intention à mon père, il n'est pas enthousiaste. Étant artisan mon départ signifie qu'il va travailler seul. Après une courte discussion, papa ne met pas en doute l'avantage de faire un Tour de France. Il est donc convenu que je devancerai l'appel et qu'ensuite je ferai le Tour de France.

Sur la documentation des Compagnons du Devoir je relève l'adresse de la Maison de Lyon. Avec un camarade d'armée plâtrier à qui j'ai parlé de mon projet, nous décidons d'aller voir de plus près ces Compagnons…

Mais pourquoi partir faire un Tour de France, se séparer de la famille, des copains, en somme changer mes habitudes ? Je ne mesure pas la portée de la démarche entreprise. L'important est qu'une part de mes désirs se réalise, à savoir : partir et voyager. Les belles maquettes que j'ai vues en photo sur la plaquette des Compagnons me donnent l'envie de savoir faire.

Si mes parents sont au courant des démarches que j'entreprends, ils me laissent me débrouiller. Je leur en suis reconnaissant. Ils savent que je ne partirai pas à l'aventure. Papa se renseigne auprès de quelques collègues; certains disent que c'est très bien, d'autres précisent qu'il y a plusieurs sortes de Compagnons, que certains forment de véritables sociétés secrètes. [...] Il me met donc en garde, me recommande de bien voir où je mets les pieds. Son intervention se limite à cela et c'est bien plus tard que lui et maman comprendront ce qu'est la vie d'un Compagnon itinérant.

Jean-Paul Jusselme,
Jean-Paul le Forézien, Compagnon Menuisier du Devoir,
Libr. du Compagnonnage, 1985

Le devoir du Compagnon

La création est une œuvre d'amour, de cet amour qui engendre la vie. Transmettre la vie est le seul moyen de continuer à vivre, d'une autre manière, sous d'autres apparences, et de prolonger notre existence ô combien éphémère.

Depuis que l'homme existe, il est hanté par cette nécessité et il a cherché sans relâche des moyens pour transmettre son message aux générations futures. Il sait depuis toujours que sa propre carcasse n'est que poussière et que seul son esprit est indestructible et demeure. Alors, il s'est servi de ses mains, des matériaux et des éléments qui l'entouraient pour conjurer le sort fatal et perpétuer son esprit. Et, en œuvrant ainsi de ses mains, son esprit s'enrichissait. L'humble ouvrier s'élevait des choses visibles aux invisibles. Dès lors, le Compagnon existait dans l'esprit, bien longtemps avant la lettre. C'est pourquoi la vocation et le devoir du Compagnon ne sont pas de regarder en arrière ni de conserver dans la poussière de vieilles coutumes. C'est, au contraire, d'aller de l'avant, de se remettre sans cesse en cause et de tendre toujours vers le meilleur. S'il effectue son Tour de France c'est pour apprendre cela. Chaque étape du voyage est un nouveau départ. Jadis lorsque les Compagnons faisaient la conduite le partant ne devait pas se retourner malgré les appels de ses camarades. Il devait poursuivre sa route sans un regard en arrière. Les derniers mots de notre Grande Règle vont dans le même sens : Compagnon, tu es un voyageur, un routier. Tu dois toujours être prêt à partir sur d'autres routes, poursuivre ton chemin.

Emile Langlois,
Emile le Normand, Compagnon du Devoir,
Flammarion, 1983

La tradition des bâtisseurs

Je me plais bien dans ce petit siège. On s'entend bien. Tous les soirs, la cuisine, la vaiselle chacun à son tour, les histoires du jour à raconter, les maquettes, les cours du soir des hivers passés, les filles rencontrées […].Nous ne parlons pas tous le même langage. Cependant, il restera ce souvenir de petite communauté laborieuse où, dans le quotidien, les difficultés spécifiques aux métiers s'interpénètrent.

[…] Apprendre l'un de l'autre par quelques mots qui restent, c'est bâtir des souvenirs ancrés à jamais dans la mémoire. Une communauté née de métiers cherchant un lien entre eux, un lien qui a un nom : la tradition des Bâtisseurs.

Albert Sorbier,
Compagnon des Devoirs,
Le Tour de France de Limousin la Vertu,
Ed. Grancher, 1994

GLOSSAIRE

Adoption : Cérémonie au cours de laquelle un jeune garçon est reconnu aspirant sur le Tour de France.

Affaire : Passeport compagnonnique.

Affiliation : Cérémonie au cours de laquelle un jeune garçon est affilié au *Devoir de liberté*

Affilié : Equivaut au titre d'aspirant dans le *Devoir de liberté.*

Ancien : Plusieurs sens. Désigne un Compagnon qui occupe une place importante au cours des réceptions. Evoque parfois le Compagnon fini. Désigne toujours un Compagnon retraité.

Arrosage : Veillée précédant le départ pour une autre ville. La communauté boit et chante en l'honneur des partants.

Aspirant : Se dit d'un jeune garçon adopté par une société compagnonnique pour effectuer son Tour de France, avec l'espoir de devenir Compagnon.

Assemblée : Réunion de tous les Compagnons au cours de laquelle se traitent toutes les questions relatives à la vie de la société.

Bons drilles : Surnom donné à tous les Compagnons du rite du père Soubise.

Brûleur : Surnom attribué à celui qui part d'une ville en laissant des dettes ou en n'ayant pas tenu ses engagements envers sa société. Parti sans avoir levé l'acquit, son signalement est envoyé à tous les sièges du Tour de France, il est brûlé.

Cabale : Terme synonyme de grève.

Carré : Passeport compagnonnique qui suit l'itinérant durant son Tour de France, indépendamment de sa personne. Ce document reçoit les cachets des villes traversées. En principe, il est détruit à la mort du Compagnon. D'autres termes ont désigné ou désignent encore le passeport compagnonnique : affaire, arriat, cheval, navire, lettre de course...

Cayenne : Lieu où se réunissent les Compagnons. Par extension, la cayenne désigne l'assemblée des Compagnons elle-même. Seuls quelques métiers utilisent ce terme (remplacé par chambre pour les autres corps). Lorsque les Compagnons se réunissent, on dit qu'ils descendent en cayenne.

Chaîne d'alliance : Cérémonie rituelle qui se pratique lors de certaines fêtes compagnonniques. Portant leurs couleurs, les Compagnons se donnent les mains en croisant les bras à la manière des maillons d'une chaîne. Au centre de cette chaîne en forme de cercle prennent place trois Compagnons ou deux Compagnons et la *mère.* Il revient normalement au rouleur de chanter Les *Fils de la vierge*, dont le refrain est repris en chœur. La chaîne d'alliance est également pratiquée au cours des funérailles d'un Compagnon avec cependant quelques petites modifications du rituel.

Chambre : Même sens que la cayenne pour certains métiers. Rituellement, les Compagnons montent en chambre.

Chiens : Surnom attribué à tous les Compagnons *passant bons drilles.*

Chien-loup : Surnom des Compagnons Charpentiers des *Devoirs* issus de la fusion entre les Compagnons du *Devoir (chiens)* et ceux du *Devoir de liberté (loups/indiens).*

Compagnon fini : Troisième état conféré par le Compagnonnage à un Compagnon au cours d'une cérémonie dite de finition.

Compagnon reçu : Se dit de tout ouvrier qui, après une cérémonie de réception, a accédé au titre de Compagnon du Tour de France. C'est le deuxième état conféré par le Compagnonnage après celui d'aspirant.

Conduite : Cérémonie d'accompagnement du partant. A l'époque du Tour de France à pied, la conduite en règle était un véritable hommage rendu par la communauté compagnonnique à un frère qui avait accompli son Devoir. En revanche, la conduite de Grenoble était une cérémonie particulièrement déshonorante réservée à un Compagnon qui s'était rendu coupable d'un manquement grave à la règle de son Compagnonnage.

Coterie : Appellation utilisée entre eux par les Compagnons Tailleurs de pierre, Maçons, Charpentiers, Couvreurs et Plâtriers. Tous les autres Compagnons sont des pays.

Couleurs : nom donné aux rubans de soie ou de velours sur lesquels sont frappés les emblêmes et les symboles du Compagnonnage. Les couleurs varient selon les métiers et les rites.

Dame-hôtesse : Femme qui tient un siège de Compagnons, mais qui n'est pas encore reçue *Mère.*

Devoir : Terme recouvrant une multitude de significations. Il désigne en premier lieu le Compagnonnage lui-même ainsi que l'ensemble de ses rites, règles et traditions. Historiquement, c'est l'ancêtre du mot

Compagnonnage. Actuellement, on a coutume d'évoquer par *Devoir* l'ensemble des sociétés qui pratiquent le rite de maître Jacques et/ou du père Soubise.

Devoirant : Tout Compagnon du *Devoir* est un *Devoirant.*

Devoir de liberté : Rite dont l'émergence officielle se situe en 1804. Revendiquant Salomon, comme fondateur et protecteur, le *Devoir de liberté* regroupe *loups, indiens* et *gavots.* Son origine est à chercher principalement dans les guerres de Religion qui divisèrent les sociétés compagnonniques.

Enfants : Tous les Compagnons se reconnaissent comme enfants de leur pères fondateurs. Ainsi, le Compagnonnage se compose d'enfants de Salomon, d'enfants de maître Jacques et d'enfants du père Soubise.

Gavots : Surnom des Compagnons Menuisiers et Serruriers du *Devoir de liberté.*

Guilbrette : Ensemble des gestes rituels pratiqués lors d'une reconnaissance entre Compagnons. Le *Devoir de liberté* n'a jamais pratiqué la guilbrette.

Indiens : Surnom réservé aux Compagnons Charpentiers du *Devoir de liberté.*

Joints : Anneaux d'or que certains Compagnons portent aux oreilles.

Lapin : Surnom donné à l'apprenti charpentier. D'autres corps ont récupéré ce terme.

Levage d'acquit : Formalités dictées par le rituel obligeant le partant à se mettre en règle avec son employeur, la *mère* et sa société avant de gagner une autre ville du Tour de France. Il est interdit de partir tant que le levage d'acquit n'a pas été effectué sinon le coupable est déclaré brûleur et devient alors passible de sanctions (amende ou même exclusion du Compagnonnage).

Loups : Surnom des Compagnons Tailleurs de pierre, enfants de Salomon. Ceux du *Devoir* sont appelés *loups-garous*. Il convient d'observer que les Compagnons Charpentiers du *Devoir de liberté* (les *indiens)* furent parfois surnommés *loups.*

Mère : Nom donné à la femme qui gère et anime un siège compagnonnique. Par extension, la *Mère* peut désigner le siège lui-même.

Partant : Se dit de tout aspirant ou Compagnon qui quitte une ville pour suivre son Tour de France.

Passant : Qualificatif utlisé à l'égard des Compagnons Tailleurs de pierre, Charpentiers, Couvreurs et Plâtriers du *Devoir.*

Pays : Terme utilisé entre eux par les aspirants et les Compagnons qui ne sont pas des *coteries. Monsieur* n'est pas utilisé entre Compagnons.

Prévôté : Nom donné au siège annexe d'une province à l'Association ouvrière des Compagnons du *Devoir.* Le responsable reçoit le titre de prévôt.

Province : Terme utilisé au sein de l'Association ouvrière afin de désigner une région géographique qui recouvre plusieurs prévôtés. le Compagnon responsable d'une province est appelé provincial.

Réception : Nom de la cérémonie rituelle qui confère à l'aspirant (ou affilié) le titre de Compagnon.

Reconnaissance : Ce mot englobe tous les moyens de reconnaissance entre les membres d'une société compagnonnique. A chaque état correspond une reconnaissance. La reconnaissance d'un métier n'est autre que son acceptation officielle dans le Compagnonnage.

Remarque : Particularité bien souvent architecturale que les Compagnons devaient repérer afin de prouver leur passage dans une ville du Tour de France.

Renard : Plusiers sens. C'est parfois le surnom d'un apprenti dans un métier particulier. C'est surtout le surnom de toute personne étrangère au Compagnonnage.

Rôle (Rolle) : Terme pouvant évoquer les statuts, la liste des membres de la société, les archives, le coffre contenant ces documents.

Rouleur : Compagnon chargé, pour un temps limité, de l'accueil et du placement des arrivants. Il assure en outre le levage d'acquit et la conduite des partants. Il a également pour mission de convoquer les assemblées, de visiter les malades, de s'occuper de l'organisation et du bon déroulement des fêtes et des banquets compagnonniques. Le *rouleur* marche toujours en tête des défilés. Bien que le terme de rôleur soit de plus en plus considéré comme synonyme, il convient de préciser que ce dernier titre était initialement réservé au Compagnon responsable du *rôle* de sa société.

Topage : Gestes et dialogues rituels de reconnaissance lors d'une rencontre entre Compagnons.

Trait : Désigne l'art de dessiner, de tracer des volumes en pénétration. L'enseignement du *trait* est une des particularités du Compagnonnage. Compagnons Charpentiers, Menuisiers, Tailleurs de pierre, Métalliers, Chaudronniers accordent une importance capitale au *trait* dans leur formation professionnelle.

MUSÉOGRAPHIE

– Musée du Compagnonnage
Cloître Saint-Julien, 8, rue Nationale, 37000 Tours.

Créé à Tours, en 1968, suite à un accord entre la municipalité et les trois familles compagnonniques françaises, ce musée est à la fois une vitrine et une mémoire. Il est également l'œuvre d'un ethnologue, grand ami des Compagnons : Roger Lecotté (1899-1991). Outre les légendes et l'histoire du Compagnonnage, le public peut y découvrir et apprécier cannes, couleurs, outils, chefs-d'œuvre, tableaux, bannières, gravures et objets divers venus de toute la France compagnonnique. Installé dans l'ancienne abbaye Saint-Julien, ce musée est devenu un haut lieu compagnonnique, comme en témoignent les miliers de visiteurs, français et étrangers, qu'il accueille chaque année.

– Maison de l'Outil et de la pensée Ouvrière
7, rue de la Trinité, 10000 Troyes.

En 1966, la ville de Toyes acquiert l'Hôtel de Mauroy (Hospice de la Trinité du XVIe au XIXe siècles), construit vers 1560. Quatre ans plus tard, elle le confie aux Compagnons du Devoir qui le restaurent magnifiquement et y aménagent la Maison de l'Outil et de la Pensée ouvrière. Ouverte au public depuis 1974, elle abrite une collection d'environ 5 000 outils des XVIIe et XVIIIe siècles exceptionnelle par sa richesse et sa diversité. Elle accueille des groupes de jeunes apprentis qui viennent y parfaire leur formation et met à leur disposition, ainsi qu'à celle des amateurs, une bibliothèque de 25 000 ouvrages consacrés, pour la plupart, aux métiers manuels.

– Musée du Compagnonnage
71720 Romanèche-Thorins (ancienne école de Trait du père Guillon).

– Musée du Compagnonnage
10, rue Mabillon, 75006 Paris (ancienne cayenne des indiens).

– Musée du Compagnonnage
Manoir de la Hautière, 14, rue Guillon-Verne, 44100 Nantes (Union compagnonnique).

Sièges compagnonniques nationaux français

– Association ouvrière des Compagnons du Devoir du Tour de France, 82, rue de l'Hôtel-de-Ville, 75180 Paris Cedex 04.
Journal : *Compagnon du Devoir* (même adresse)

– Fédération compagnonnique des métiers du bâtiment, 145, avenue Jean Jaurès, 75019 Paris.
Journal : *Compagnons et Maîtres d'œuvre* (même adresse)

– Union compagnonnique des Compagnons du Tour de France des Devoirs Unis, 15, rue Champ Lagarde, 78000 Versailles.
Journal : *Le Compagnonnage* (même adresse)

BIBLIOGRAPHIE

Généralités

– Barret P. et Gurgand J.-N., *Ils voyageaient la France*, Paris, Hachette, 1980.
– Bayard J.P., *Le Compagnonnage en France, Paris*, Payot, 1978.
– Benoist L., *Le Compagnonnage et les métiers*, Paris, P.U.F., 1966.
– Castéra B., *Le Compagnonnage, culture ouvrière*, Paris, P.U.F., 1988.
– Coornaert E., *Les Compagnons en France du Moyen Age à nos jours*, Paris, Editions ouvrières, 1966.
– Icher F., *Le Compagnonnage*, Paris, Jacques Grancher, 1989.
– Icher F., *Dictionnaire du Compagnonnage*, Le Mans, Editions du Borrégo, 1992.
– Icher F., *La France des Compagnons*, Paris, Editions de La Martinière, 1994.
– Lecotté R., *Chefs-d'œuvre de Compagnons*, Paris, Editions du Chêne, 1980.
– Martin Saint-Léon E., *Le Compagnonnage, son histoire, ses coutumes, ses règlements et ses rites*, Paris, Colin, 1901.
– Tristan F., *Le Livre d'or du Compagnonnage*, Paris, J.C. Godefroy, 1990.

Témoignages de Compagnons

– Bernard J., *Le Compagnonnage, rencontre de la jeunesse et de la tradition*, Paris, PUF., 1972.
– Boyer A., *Le Tour de France d'un Compagnon du Devoir*, Paris, Librairie du Compagnonnage, 1979.
– Bris M., *Le Compagnonnage à la recherche de sa vocation, (1900-1946)*, Paris, Librairie du Compagnonnage, 1984.
– Jusselme J.P., *Jean-Paul le Forézien, Compagnon Menuisier du Devoir*, Paris, Librairie du Compagnonnage, 1985.
– Langlois E., *Emile le Normand*, Paris, Flammarion, 1983.
– Ménétra J.-L., Journal de ma vie (présenté par D. Roche), Paris, Montalba, 1982.
– Morin P., *Compagnon du Devoir au XX*e *siècle*, Paris, Libr. du Compagnonnage, 1994.
– Perdiguier A., *Le Livre du Compagnonnage*, Paris, Pagnerre, 1841.
– Perdiguier A., *Mémoires d'un Compagnon* (présenté par M. Agulhon), Paris, Imprimerie nationale, 1992.
– Sorbier A., *Le Tour de France de Limousin la Vertu*, Paris, Jacques Grancher, 1994.

Un témoignage de Mère

– Duguet M., *Mémoires d'une Mère en Devoir*, Paris, Librairie du Compagnonnage, 1979.

Une biographie exemplaire

– Briquet J., *Agricol Perdiguier*, Paris, Librairie Rivière, 1955.

Une tentative d'encyclopédie

– *Les Muses du Tour de France* (sous la direction d'Abel Boyer), Asnières, 1925-1926.

Quelques études particulières

–
Duroy, *Le Compagnonnage aux sources de l'économie sociale*, Paris, Mutualité française, 1991.
– Guédez A., *Compagnonnage et apprentissage*, Paris, PUF, 1994.

Quelques bandes dessinées historiques

– Icher F. et Mor, *La Vie d'Agricol Perdiguier dit Avignonnais la Vertu*, Paris, Grancher, 1994.
– Icher F. et Mor, *Le Tour de France de Jean Bellegarde, Compagnon Charpentier du Devoir*, Paris, Grancher, 1994.

Quelques romans célèbres

– Châtenet J. et Cosmos J., *Ardéchois Cœur Fidèle*, Paris, Lattès, 1974.
– Fournier C., *Renaud Banaste sur la route des Bâtisseurs*, Rodez, Editions du Rouergue, 1989.
– Sand G., *Les Etoiles de Compostelle*, Paris, Denoël, Perrotin, 1841.
– Vincenot H., *Les Etoiles de Compostelle*, Paris, Denoël, 1982.
– Vergez R., *La Pendule à Salomon*, Paris, Julliard, 1957.

TABLE DES ILLUSTRATIONS

COUVERTURE

OUVERTURE

CHAPITRE I

CHAPITRE II

CHAPITRE III

CHAPITRE IV

leur étui, XIXe siècle. Coll. part.
71 Couleur compagnonnique ornée de broderies, 1859. Coll. part.
72 Restaurant compagnonnique à la fin du siècle dernier. Coll. part.
73h Cachets compagnonniques provenant de lettres de course, fin XIXe siècle. Coll. part.
73b Lettre de course du Compagnon Pierre Fornier dit *Carcassonne le Résolu*. Coll. part.
74h Compagnons sur la route de Chartres, huile anonyme, fin XIXe siècle. Coll. part.
74b Accolade de deux Compagnons lors d'un champ de conduite, gouache sur papier, vers 1860. Archives Compagnons du Devoir, Paris.
75 Chef-d'œuvre d'un Compagnon Charpentier, fin XIXe siècle. Musée du Compagnonnage de Troyes.
76 Image souvenir du Compagnon Charron *Parisien la Bonne Conduite*, encre et gouache sur papier, 1862. Coll. part.
77 Image souvenir du Compagnon Charron *Manceau la Prudence*, encre et gouache sur papier, milieu du XIXe siècle. Coll part.
78 *La Réception du Compagnon*, gravure de jules Noël parue dans *L'Illustration*, (détail), 1845.
79 Image symbolique, lithographie de J.B. Bourget, fin XIXe siècle. Coll. part.
80 Couleur et Canne du Compagnon. Coll. part.
80b Compagnon portant ses couleurs et la canne. Coll. part.
81h Compagnons et la Mère, au retour de la Sainte-Baume, photo. faite à Marseille le 8 juillet 1870. Coll. part.
81b Compagnons portant leurs couleurs et la canne compagnonnique. Coll. part.
82-83h *Vue panoramique de l'Exposition universelle de 1878*, lithographie. Musée Carnavalet, Paris.
82b Arrivée d'un train en gare, dessin de Champin, vers 1870. Idem.
84 Fondations d'un pilier de la Tour Eiffel, lithographie de Grasset, 1887. Bibliothèque des Arts décoratifs, Paris.
85h *La Descente des ouvriers au sommet de la Tour Eiffel*, gravure de Ianos, 1888. Bibliothèque nationale de France, Paris.
85b Construction de la base des piliers de la tour Eiffel, gravure, 1888. Idem.
86 Repose de l'archange Gabriel au Mont-Saint-Michel.
87 *La guilbrette*, enseigne du Musée du Compagnonnage de Tours.
88h Compagnons tenant le journal *La Guerre sociale*, 1909. Coll. part.
89h Autographe de Auguste Bonvous sur une carte postale, 1911. Coll. part.
89b Les guerres de tranchées durant la guerre de 1914-1918. Musée de l'armée, Paris.
90 Défilé compagnonnique à Orléans, 1908. Coll. part.
91h Cachet compagnonnique du père Guillou. Coll. part.
91b Lettre avec en-tête compagnonnique, 1910. Coll. part.
92 *Le Cuisinier*, illustration anonyme, 1899. bibliothèque des Arts décoratifs, Paris.
93 Un salon de coiffure à Paris au début du siècle.
94hg Travail de réception d'un Compagnon Serrurier.
94m Idem.
94b Tableau de fers à cheval des frères Pujols, Montauban.
94hd Fer à cheval pour un travail de réception d'un Compagnon Maréchal.
95h Chef-d'œuvre d'un Compagnon Serrurier.
95m Idem.
95b. Heurtoir de l'hôtel de Lalande, Bordeaux
96hg Escalier simple à dédoublement, travail de réception, 1900. Manoir de la Hautière, Nantes.
96hd Travail d'un Compagnon ébéniste.
96bg Escalier double, travail de réception.
96b-d Charpente, travail de réception.
97d *Le vannier*, chef-d'œuvre de réception du Compagnon Sylvain Dupont, dit *Tourangeau la Corbeille d'Amour*.
97g Chef-d'œuvre de Compagnon Charron du Devoir.
98h Chef-d'œuvre de Compagnon Plombier du Devoir.
98m Idem.
98b Idem
99h Travail de réception d'un Compagnon Chaudronnier.
99b Travail de réception d'un Compagnon Carrossier.
100h Abel Boyer, Photo. anonyme. Archives des Compagnons du Devoir, Paris.
100b Exposition de chefs-d'œuvre compagnonniques rue Mabillon, juin 1938. Coll. part.
101 Investiture d'un Compagnon Tonnelier, 1938.
102 Chef-d'œuvre compagnonnique et son auteur, janvier 1944.
103h Caricature anti-maçonnique et compagnonnique, vers 1942. Coll. part.
103b Inauguration de l'Association ouvrière des Compagnons du Devoir du Tour de France à Lyon, 24/10/1944. Archives des Compagnons du Devoir, Paris.
104 Compagnon Charpentier devant son chef-d'œuvre, mai 1956.
105 Compagnon Métallurgiste au travail, vers 1965.

106 Compagnons allemands, vers 1890. Coll. part.
107h Foulard compagnonnique allemand, XXe siècle. Coll. part.
107b Carnet de route d'un Compagnon allemand, vers 1980.
108 Copie de la statue de Louis XIV par le Bernin.
109 Réunion compagnonnique.
110 Compagnon Vitrier au travail.
111 Restauration de la statue de la Liberté à New York.
112 Compagnon sur la route du Tour de France (reconstitution).

TÉMOIGNAGES ET DOCUMENTS

113 Un Compagnon Charpentier, photographie, 1892.
114 Henri Vincenot, photographie.
116/117 Frédéric Mistral et une délégation de Compagnons du Devoir au musée Arlatan, photographie.
119 Un Compagnon Tailleur de pierre, photographie.
121 Agricol Perdiguier à la fin de sa vie, photographie. Archives des Compagnons du Devoir, Paris.
123 Jean Bernard, photographie.
124 Détail d'une pierre tombale, bonnefoi compagnonnique, photographie.
125 Caricature de Pierre Joseph Proudhon, Jules Vallès et Clément Duvernois par Gill, parue dans *L'Eclipse*, 21 fév 1869.
126 Tablier compagnonnique, XIXe siècle.
127 Equerre et compas entrecroisés.
128 Un Compagnon Verrier, photographie.
131 Règlement, respect à la Mère, gravure en couleurs.
132 Un Compagnon Menuisier, photographie. Association ouvrière des Compagnons du Devoir du Tour de France, prévôté rue de Franche-Comté, Tours.

INDEX

CRÉDITS PHOTOGRAPHIQUES

A.K.G., Berlin : 106 ; A.N.A./Chito : 109, 112, 128. Bibliothèque nationale de France, Paris : 20, 21b, 26, 38h, 44. F.X. Bouchart : 94h-g, 94m, 95h, 95m, 96b-g, 97, 98g. Bulloz, Paris : 25b, 85. Jean-Loup Charmet, Paris : dos, 40, 41, 45, 49b, 89b. Archives des Compagnons du Devoir du Tour de France, Paris : 1er plat, 2e plat, 1, 2-3, 4-5, 6-7, 16d, 21d, 22, 23b, 24-25h, 48, 54, 55, 56, 58, 60, 64, 65, 68, 69, 74b, 76, 77, 79, 80, 81h, 88h, 96h-g, 99h,100h, 103 116/117; Gérard de Crancé : 124; Dagli-Orti, Paris . 12, 16g, 27, 31h, 33, 34h, 61, 62, 82, 83, 84, 92. D.R. . 17, 31b, 34b, 63. Edimédia, Paris : 39, 50b, 51h. Explorer/J Dupont : 32. Explorer/Le Toquin : 108. Explorer/A. Wolf : 11, 86, 107b. Archives Gallimard Jeunesse : 18, 35, 114, 126, 131. Gamma, Vanves : 111. Giraudon, Vanves : 23h, 38b, 49h, 50h, 52b. François Icher : 13, 14d, 37h, 57, 70, 71, 73, 74h, 80b, 81b, 90, 91h, 107h, 113, 127. Erwan Le Vourc'h : 132. L'Illustration/Sygma : 46-47, 66, 67, 78. Louis Monier, Paris : 75,94b, 94h-d, 96h-d, 96b-d, 99b, 110, 119, 121, 123. Newswork press/Daniel Nouvel : 59, 87. R.M.N., Paris : 42. Roger-Viollet, Paris : 8-9, 29, 36, 37b, 43, 51, 52h, 53, 93, 101, 102, 104, 125. S.D.A.P : 72, 89h, 91b, 100b. TOP/L. Courteville : 105, TOP/P. Hinous : 95b. Jean Vigne, Paris : 14g, 15, 19, 28, 30.

ÉDITION ET FABRICATION

DÉCOUVERTES GALLIMARD
DIRECTION Pierre Marchand et Elizabeth de Farcy
GRAPHISME Alain Gouessant. FABRICATION Violaine Grare. PROMOTION-PRESSE Valérie Tolstoï

LES COMPAGNONS OU L'AMOUR DE LA BELLE OUVRAGE
ÉDITION Paule du Bouchet et Caroline Larroche. MAQUETTE Jacques le Scanff.(corpus couleur) et Dominique Guillaumin (témoignages et documents). ICONOGRAPHIE Frédéric Mazuy.
LECTURE-CORRECTION Pierre Granet et Christine Monnatte. PHOTOGRAVURE Arc en Ciel.
MONTAGE PAO Paragramme.

Table des matières